W0014310

Karl Kaltenegger

Nudeln
selbst gemacht

Leopold Stocker Verlag
Graz – Stuttgart

Titelbild: Günter Hauer, Bild-Hauer, Graz
Umschlaggestaltung: Anita Schöberl, Graz

Fotos im Textteil: Die Fotos der Seiten 10-11, 33, 57, 73 und 87 Günter Hauer, Graz; alle anderen Bilder wurden freundlicherweise vom Autor zur Verfügung gestellt.

Bibliografische Information Der Deutschen Bibliothek
Die Deutsche Bibliothek verzeichnet diese Publikation in der Deutschen Nationalbibliografie; detaillierte bibliografische Daten sind im Internet unter http://dnb.ddb.de abrufbar.

Hinweis: Dieses Buch wurde auf chlorfrei gebleichtem Papier gedruckt. Die zum Schutz vor Verschmutzung verwendete Einschweißfolie ist aus Polyethylen chlor- und schwefelfrei hergestellt. Diese umweltfreundliche Folie verhält sich grundwasserneutral, ist voll recyclingfähig und verbrennt in Müllverbrennungsanlagen völlig ungiftig.

ISBN 3-7020-1124-2
ISBN 978-3-7020-1124-6

Layout: MG Grafik+Design, Michaela Kolb & Partner, Graz
Gesamtherstellung: Gorenjski tisk, Kranj – Slowenien

Inhaltsverzeichnis

Vorwort und Danksagung

Die Möglichkeit, als Verfasser eines Buches in Erscheinung zu treten, erhält man nicht alle Tage. In meinem Fall musste ich diese Gelegenheit geradezu ergreifen, wofür ich einigen Personen zu danken habe. An vorderster Stelle sind meine Chefin, die mir diese Chance vermittelt hat, und dann der Verlag zu nennen, der sich dieser Thematik angenommen hat. Dieses Buch wäre nie zustande gekommen, hätten nicht die Nudelhersteller im bäuerlichen Rahmen bereitwillig und offen „aus dem Nähkästchen geplaudert". Diese Betriebe wurden zufällig und ohne Wertung ausgewählt. Deren Aussagen machten mir bald klar, dass es kein Patentrezept zur Nudelherstellung gibt, das hier beschrieben werden könnte. Mir ging es in diesem Buch deshalb vor allem um die Vermittlung gewisser Grundkenntnisse bzw. darum, Fantasie und Kreativität ein wenig anzuregen. Mein Dank gilt allen, die direkt und indirekt ihren Beitrag zur Entstehung dieses Buches geleistet haben!

Weiz, im Oktober 2005 *Karl Kaltenegger*

Einleitung

Das Wort „Nudel“ leitet sich von Nodus (lat. = Knoten) ab und erinnert ans „Teigkneten“. Nudeln zählen zu den ältesten Grundnahrungsmitteln der Menschheit. Die Ursprünge der Nudelherstellung lassen sich durch Überlieferungen bis ins 2. Jahrtausend vor Christus zurückverfolgen. Ein auf Pergament festgehaltenes Nudelrezept aus China weist darauf hin, dass zur damaligen Zeit mit primitivsten Mitteln aus Weizenmehl, Eiern und Wasser ein essbares Produkt hergestellt wurde.

Aus der Römer- und Griechenzeit bekannte Grababbildungen der Etrusker aus dem 4. Jahrhundert vor Chr. zeigen Mehlsack, Teigzange, Nudelholz und Teigrädchen. Auch von den Arabern wurde ein nicht unwesentlicher Teil zur Nudelherstellung beigetragen: Durch die Trocknung frischer Nudeln an der Luft wurden diese mehrere Monate haltbar und damit auch für längere Wege transportfähig, was für längere Reisen zur Nahrungsversorgung nicht unwesentlich war. Vor Ort konnten sie ohne Schwierigkeiten zubereitet werden. Nudeln zählen somit auch zu den ältesten Convenience-Produkten der Welt.

Auf welchem Weg die Teigwaren ihre Bekanntheit in Europa erhalten haben, konnte noch nicht nachvollzogen werden. Im 16. Jahrhundert gehörten Nudeln in Italien bereits zu den Volksspeisen, die auch auf den Straßen verkauft wurden. Von Italien aus, das bis heute zu den klassischen Nudelländern zählt, verbreitete sich die Nudel noch im 16. Jahrhundert in Spanien, England und Frankreich. Viele Jahre später wurden sie in Nord- und Osteuropa bekannt.

Heute sind Nudeln auf der ganzen Welt bekannt und durch die vielseitige Einsetzbarkeit als Nahrungsmittel bei Alt und Jung beliebt. Diese Vielseitigkeit äußert sich nicht nur in Form, Farbe und Länge der Eierteig- und Teigwaren, sondern auch in den unterschiedlichsten Serviermöglichkeiten. So finden Nudeln als Suppeneinlagen Verwendung, können als Vorspeise, Hauptgericht oder Beilage angeboten werden und zusätzlich bietet sich die Möglichkeit, Nudeln als Süßspeise zu kredenzen. Zeit- und Arbeitsersparnis sind wohl der Hauptgrund für den hohen Konsum an industriell gefertigten Nudeln in Haushalt und Gastgewerbe. Geschmacklich und von den Kocheigenschaften her können sie mit Eierteigwaren aus „eigener“ Produktion nicht verglichen werden. Den Unterschied zwischen Eipulver und Frischei erkennt und schmeckt man einfach.

Mit diesem Buch halten Sie eine Anleitung in Händen, die es Ihnen ermöglicht, mit den Grundzutaten Mehl, Wasser und Eiern Frischnudeln für den Haushalt herzustellen. In weiterer Folge sind verschiedene Nudelvariationen für Farbe und Geschmack angeführt, die zum Experimentieren und Entfalten der eigenen Kreativität anregen sollen. Kleine Betriebe können sich damit beim Nudelverkauf von der industriellen Ware sehr gut abheben und einen dementsprechenden Marktanteil erobern. Im Rezeptteil dieses Buches habe ich versucht, den Nudelherstellern Eigenkreationen zu entlocken, die von einfachen, raschen Gerichten, wie zum Beispiel Nudelauflauf, bis hin zu süßen Nudeln reichen.

Somit wünsche ich Ihnen interessante Stunden beim Lesen und in weiterer Folge viel Spaß beim Herstellen von Nudeln!

Erklärung

Convenience-Produkte sind halbfertige und fertige Produkte, die nach kurzer Zubereitungszeit oder sofort gegessen werden können (Convenience = Bequemlichkeit, Nutzen).

Allgemeines zu den Rohstoffen

Getreide

Als erster Schritt zur Nudelherstellung wird ein Teig bereitet. Eine Ähnlichkeit zum Brotteig ergibt sich insofern, weil Getreide bzw. andere Körnerfrüchte und Trinkwasser als Grundsubstanzen Verwendung finden. Die größte Bedeutung in der Nudelherstellung kommt dem Hartweizen zu. Natürlich können Nudeln auch mit anderen Getreidefrüchten, wie Brotweizen, Mais, Reis, Hirse, Roggen oder mit Früchten, die nicht zum Getreide zählen, wie Buchweizen, Amaranth, Quinoa, produziert werden. Botanisch gesehen zählen die Getreidearten zu den Gräsern, die beim Keimen mit einem Blatt hervortreten (einkeimblättrige Pflanzen); Buchweizen, Amaranth und Quinoa gehören anderen Familien an und keimen mit zwei Blättern, sind aber von der Zusammensetzung der Samen her mit Getreide vergleichbar.

Weizen

Die wichtigste Bedeutung erhält der Weizen (= Weich-, Saat- oder Brotweizen) in der Ernährung durch die Verwendung des Mehls zur Brot- und Gebäckherstellung. Innerhalb der Getreideart wird botanisch anhand der Chromosomenzahl, die durch Züchtung verändert wurde, unter anderem zwischen Brotweizen, Hartweizen und Dinkel unterschieden. Der Hartweizen, auch „Durumweizen" genannt, beinhaltet 28 Chromosomen, der Weich-, Brot- oder Saatweizen weist 42 auf. Auch der Dinkelweizen beinhaltet 42 Chromosomen im Zellkern.

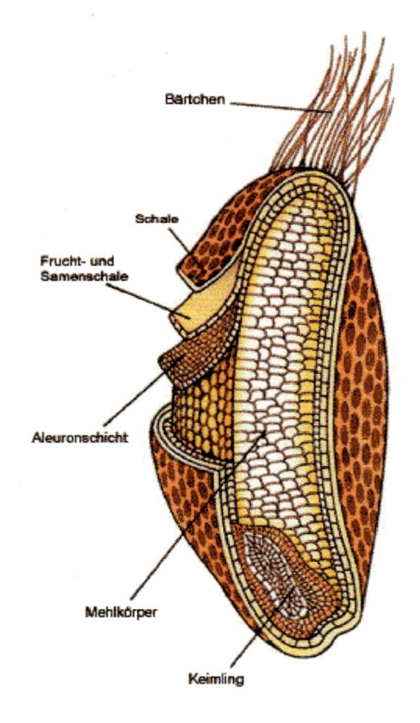

Aufbau eines Getreidekornes (http://www.rauchmehl.at)

Der Weizenkornaufbau umfasst im Groben die Frucht- und Samenschale, Endosperm und Keimling. Das Endosperm setzt sich aus der Aleuronschicht und dem Mehlkörper, der von ihr umschlossen wird, zusammen. Der Mehlkörper macht etwa 82 % vom Getreidekorn aus, der Keimling rund 3 %, und der Rest verteilt sich auf Aleuronschicht (8 %) bzw. Frucht- und Samenschale (7%).

Die Inhaltsstoffe des Weizenkornes sind im Kornquerschnitt unregelmäßig verteilt und unterliegen von Natur aus wegen unterschiedlicher Sorten, Bodenbeschaffenheit, Witterungsumstände und Pflanzenbehandlung einer gewissen Schwankung. Die durchschnittliche Zusammensetzung ergibt sich wie folgt:

- Die Frucht- und Samenschale umschließt das Korn und dient als schützende Hülle, die relativ viele Vitamine, Mineral- und Ballaststoffe enthält.
- Der Keimling, der die Blatt- und Wurzelanlage beinhaltet, ist reich an Fetten, Vitamin E, Eiweiß und Mineralstoffen.
- Die Aleuronschicht setzt sich hauptsächlich aus Eiweiß zusammen, welches durch die günstige Aminosäurezusammensetzung für die Ernährung sehr wertvoll ist.
- Der Mehlkörper besteht zum Großteil aus Stärke, beinhaltet aber auch das Klebereiweiß und Mineralstoffe. Der Mineralstoffgehalt nimmt im Mehlkörper von innen nach außen zu. Im Gesamten gesehen sind die Mineralstoffe aber in den äußeren Kornschichten lokalisiert und geben bei der Mehltypisierung den entscheidenden Hinweis für den Kornausmahlungsgrad.

Durchschnittliche Zusammensetzung eines Weizenkorns

Inhaltsstoff	Anteil
Wasser	12–14 %
Stärke	50–60 %
Übrige Kohlenhydrate	5–10 %
Eiweiß	9–12 %
Fett	2 %
Rohfaser	1–2 %
Mineralstoffe	1–2 %

Das Klebereiweiß (auch als „Gluten“ bezeichnet), welches als Speicherprotein im Mehlkörper eingelagert wird, ist entscheidend für die Backqualität des Weizens, die sich durch ein gutes Gashaltevermögen aufgrund der Dehnbarkeit und Elastizität des Teiges auszeichnet.

Das Klebereiweiß vom Weizen unterscheidet sich innerhalb der Weizenarten in Menge und Zusammensetzung. So enthält zum Beispiel Hartweizen zwar mehr Gluten, es eignet sich aber weniger zum Backen und ist ideal für die Nudelherstellung, weil es sich günstig auf Form und Kochstabilität auswirkt. Neben den positiven Eigenschaften ist das Gluten auch für die Darmkrankheit Zöliakie verantwortlich.

Stärke befindet sich fast ausschließlich im Mehlkörper und liegt dort in Form von vielen Stärkekörnern, eingebettet in Eiweiß, vor. Die Abbaubarkeit von Stärke im menschlichen Körper hängt von der Struktur dieser Stärkekörner ab. So beinhalten frisch gekochte Lebensmittel rascher verdaubare Stärke und ganze Körner oder grober Schrot im trockenen Zustand nur langsam verdaubare.

Ballaststoffe zählen so wie die Stärke zu den Kohlenhydraten, sind aber für den menschlichen Körper unverdaulich oder nur geringfügig verwertbar. Ihre Funktion liegt unter anderem in der Stuhlauflockerung und Anregung der Verdauung. Sie sind in den Randbereichen des Getreidekornes lokalisiert und werden daher nur mit Vollkornprodukten dem Verdauungstrakt zugeführt.

Im Randbereich und im Keimling befinden sich die Fette, die sich zum größten Teil aus ungesättigten Fettsäuren zusammensetzen. Wegen der entsprechenden Lokalisation im Korn spricht man auch in weiterverarbeiteten Produkten von Weizenkeimöl. Fette sind lebensnotwendig, haben viele Funktionen im Körper und sind unter anderem auch dafür wichtig, dass fettlösliche Vitamine im Verdauungsapparat besser aufgenommen werden können. Der Mensch kann nur gewisse Fette selbst aufbauen und ist bei einigen von der Zufuhr über die Nahrung angewiesen.

Von den Vitaminen kommen vor allem Vitamin E, Vitamine der B-Gruppe und Niacin in größeren Mengen vor. Vitamine sind zur Aufrechterhaltung des gesamten Stoffwechsels unverzichtbar und müssen beinahe ausschließlich dem Körper zugeführt werden. Durch das Vorhandensein dieser Vitamine in den äußeren Schichten des Kornes sinkt der Gehalt bei niedrigem Ausmahlungsgrad stark ab. Verluste gibt es auch durch Erhitzung. Vollkorn stellt für viele Mineralstoffe, vor allem Kalium, Magnesium, Eisen, Zink, Kupfer, Mangan und Chrom, eine wichtige Quelle dar.

Verteilung der Inhaltsstoffe im Getreidekorn

Teil des Kornes	Inhaltsstoffe
Randschichten und Keimling	Mineralstoffe (Kalium, Magnesium, Kalzium, Eisen, Spurenelemente), Vitamine (Vitamin E, Vitamine der B-Gruppe, Niacin), Fett (großteils ungesättigte Fettsäuren), Eiweiß, Ballaststoffe
Endosperm (Mehlkörper und Aleuronschicht)	Stärke, Eiweiß

Ausmahlungsgrad und Mehltypen

Durch den inhomogenen Kornaufbau entstehen bei einer schrittweisen Zerkleinerung des Getreides Vermahlungsprodukte mit unterschiedlicher Farbe (Helligkeit) und Zusammensetzung. Randschichten bewirken eine dunklere Farbe des Mehles. Das Innere des Mehlkörpers ist arm an Nährstoffen (außer Stärke) bzw. das Protein (Kleber) von niedrigem biologischen Wert.

Der Ausmahlungsgrad entspricht der ausgemahlenen Menge Mehl aus 100 Teilen Getreide. 70 % Ausmahlungsgrad bedeutet, dass von der ursprünglichen Getreidemasse 70 % Mehl anfallen. Ein niedriger Ausmahlungsgrad bringt somit weniger Mehl und einen geringeren Aschegehalt, weil weniger Rand- und Schalenteile enthalten sind.

Die Mehltypen stehen im direkten Zusammenhang mit dem Ausmahlungsgrad, denn sie geben den mittleren Mineralstoffgehalt an. Die Mehltype 480 (gilt für Weizen in Österreich) hat einen mittleren Mineralstoffgehalt von 0,480 g (= 480 Milligramm) pro 100 g getrocknetem Mehl. Der Mineralstoffgehalt wird bestimmt, indem diese Mehlmasse verascht (verglüht) wird und die übrig bleibende Asche als unbrennbarer Mineralstoffanteil zählt. Die Mehltypenbezeichnung ist gesetzlich vorgeschrieben und bestimmte Schwankungsbreiten des Mineralstoffgehaltes sind zulässig. Je höher der Ausmahlungsgrad, desto mehr Randschichten enthält das Mehl, umso höher ist der Mineralstoffgehalt und damit die Mehltype und desto dunkler die Farbe. Mehle mit einer niedrigen Typenzahl sind weiß und werden als Auszugsmehle bezeichnet.

Vollkornmehl muss die gesamten Bestandteile der gereinigten Körner einschließlich des Keimlings enthalten. Sie haben keine Typenbezeichnung und die Körner dürfen an der Oberfläche gereinigt werden, damit Schmutzteile und auch eventuelle Schadstoffe von Mikroorganismen entfernt werden.

Weizenmehltypisierung in Österreich und Deutschland

Weizenmehltypen in Österreich	Weizenmehltypen in Deutschland
480 (Weizenauszugsmehl)	405 (bevorzugtes Haushaltsmehl)
	550 (als Vielzweckmehl einsetzbar)
700 (Koch- und Backmehl)	812 (für helle Mischbrote)
	1050 (für Mischbrote)
1600 (Weizenbrotmehl, Backschrot)	1600 (für dunkle Mischbrote)
	1700 Weizenbackschrot (ohne Keimling)

Um aus den Weichweizenkörnern Mehl zu produzieren, sind mehrere Herstellungsschritte notwendig. Durch diese Technik fällt nicht nur ausschließlich Mehl an, sondern auch andere Begleitprodukte entstehen. Mehl hat den höchsten Zerkleinerungsgrad und wird auch als „glattes Mehl“ bezeichnet. Dunst als Mahlprodukt liegt mit der Körnigkeit zwischen Mehl und Grieß und ist auch als „griffiges Mehl“ bekannt. Als noch gröbere Komponente fällt Grieß an, wobei es hier auch noch die Stufen grob, mittel und fein gibt. Feiner Grieß wird in Süddeutschland als „Knödelmehl“ und in Österreich als „doppelgriffiges Mehl“ bezeichnet. Die Kleie umfasst die Schalen der Körner und wird vorwiegend als Futtermittel eingesetzt. Die Feinheit der Mahlprodukte steht in keinem Zusammenhang mit den Mehltypen, was soviel bedeutet, dass die Type 480 glatt oder griffig sein kann (vgl. hierzu www.wikipedia.org bzw. www.mehl.at).

Zöliakie

bezeichnet eine auftretende Krankheit (im Kindes- oder Erwachsenenalter), die durch Glutenunverträglichkeit ausgelöst wird. Diese Unverträglichkeit bewirkt eine Erkrankung der Dünndarmschleimhaut, die zum Verlust an Verdauungsenzymen und einer gestörten Aufnahme aller Nährstoffe führt, was zu gehäuften wässrigen (chronischen) Durchfällen führt. Abhilfe kann nur durch den Verzehr glutenfreier Lebensmittel geschafft werden, sodass Getreide (Weizen, Roggen, Hafer, Gerste) und alle Mahl- und Mehlprodukte daraus bei der Ernährung zu vermeiden sind. Als Alternativen bieten sich zum Beispiel Mais, Reis, Hirse und Buchweizen an.

Ernährungsphysiologisches

Getreide und Getreideprodukte tragen wesentlich zur Versorgung mit essenziellen Nährstoffen bei. Es gilt aber zu beachten, dass Erzeugnisse aus Mehl oder Grieß mit niedrigem Ausmahlungsgrad nur grob gesagt die Hälfte (und weniger) an Vitaminen und Mineralstoffen gegenüber dem vollen Korn besitzen. Die Randschichten beinhalten große Ballaststoffmengen, die ebenso mit diesen bei der Mehl- und Grießerzeugung verloren gehen. Trotzdem kommt den Nudeln eine große Bedeutung zu, weil sie zur Energieversorgung durch den hohen Kohlenhydratanteil beitragen.

Empfehlung zur Deckung des Energiebedarfes

Energieträger	Prozent	für 1800–2300 kcal
Eiweiß	10–15 %	45–60 g
Fett	30 %	60–80 g
Kohlenhydrate	50–60 %	280–370 g

In den Nudeln liegen die Kohlenhydrate hauptsächlich in Form von Stärke vor. Diese wird durch den Kochprozess aufgeschlossen und damit für den menschlichen Körper besser verdaulich, weil die stärkeabbauenden Enzyme im Verdauungstrakt effizienter arbeiten. Ein stufenweiser Abbau führt dazu, dass die gesamten zugeführten Stärkebausteine (= Glucose) nicht sofort aufgenommen werden und damit der Blutzuckerspiegel nicht rasch zu einem Maximum, sondern gleichmäßiger über die Zeit ansteigt. Auch bei Spitzensportlern sind Nudeln sehr beliebt, eben weil sie ein lang anhaltender, kontinuierlicher Energielieferant sind und sehr wenig Fett beinhalten.

Die folgende Tabelle zeigt, wie die Entwicklung von 1950 bis 1999 zur Abdeckung des täglichen Energiebedarfes verlaufen ist. Die Tatsache, dass der Konsum von Getreide und Getreideprodukten in Österreich seit dem 2. Weltkrieg stetig rückläufig gewesen ist, spiegelt sich dabei imposant wieder.

Entwicklung zur Deckung des Energiebedarfes

Zufuhr von 3100 kK	Jahr 1950	Jahr 1999
Eiweiß	75 g	100 g
Fett	65 g	140 g
Kohlenhydrate	490 g	320 g
davon Rübenzucker	20 g	110 g

Wasser

Der Hauptbestandteil von Nudeln ist der Hartweizengrieß, der von Mühlen mit einem Trockenmassegehalt von mindestens 85 % angeliefert wird. Für die notwendige Feuchtigkeit des Teiges bei der Nudelherstellung sorgen Trinkwasser und/oder Eier. Durch den Gebrauch von Trinkwasser können eifrei oder eiärmere Nudeln produziert werden.

Sobald Waren in Verkehr gebracht werden, d. h. Nudeln zum Verkaufen produziert werden, muss das Wasser der Trinkwasserverordnung entsprechen. Es darf keine krankmachenden Keime beinhalten und mikrobiologische Grenzwerte dürfen nicht überschritten werden. Auch andere toxikologisch relevante, chemische Substanzen – sprich: solche, die die menschliche Gesundheit schädigen könnten – dürfen die gesetzlich vorgegebenen Grenzwerte nicht überschreiten; Nitrat, Nitrit, Blei, Cadmium seien hier als Beispiele erwähnt. Der einwandfreie Zustand des Wassers ist nicht nur für die Herstellung von Waren wichtig, auch bei der Reinigung kann nur mit einer entsprechenden Qualität des Wassers eine Rekontamination verhindert werden.

Hühnerei

Eier gelten als besonders wertvolle Lebensmittel, weil die biologische Wertigkeit mit 100 festgelegt wurde. Die äußerste schützende Schale besteht hauptsächlich aus Kalziumsalzen, ist 0,2–0,4 mm dick und hat einen Gewichtsanteil von ca. 10 %. Zahlreiche in ihr befindliche Porenkanäle ermöglichen einen Luftaustausch vom Ei-Inneren mit der Umwelt und umgekehrt. Innen kleidet eine doppelschichtige Haut die Schale aus und formt sich am stumpfen Ende durch Teilung zur Luftkammer. Diese vergrößert sich mit zunehmender Lagerdauer.

Das Eiklar (Eiweiß) umgibt den Dotter (Eigelb), welcher an den Hagelschnüren hängt und von ihnen fixiert wird. Eiklar besteht zu einem Großteil aus Eiweiß, die schwach grünlich-gelbe Farbe verursacht Riboflavin (= Vitamin B2). Fette bilden die Hauptbestandteile des Dotters. Bei entsprechender Fütterung (Körnermais) werden Carotenoidfarbstoffe im Dotter eingelagert, was eine intensive Gelbfärbung bewirkt. Der Cholesterolgehalt (= Cholesterin) kommt bei der Analyse des Eigehaltes in Eierteigwaren zum Tragen. Abgesehen davon ist Cholesterol eine lebensnotwendige Verbindung, die vom menschlichen Körper selbst synthetisiert werden kann.

Inhaltsstoffe eines Hühnereies

Inhaltsstoffe in %	Ei mit Schale	Eigelb	Eiklar
Wasser	66	48,5	87,5
Eiweiß	12	16,5	11
Fett	11	33,0	In Spuren
Kohlenhydrate	1	0,5	1
Mineralstoffe	10	1,5	0,5

Aufbau eines Hühnereies

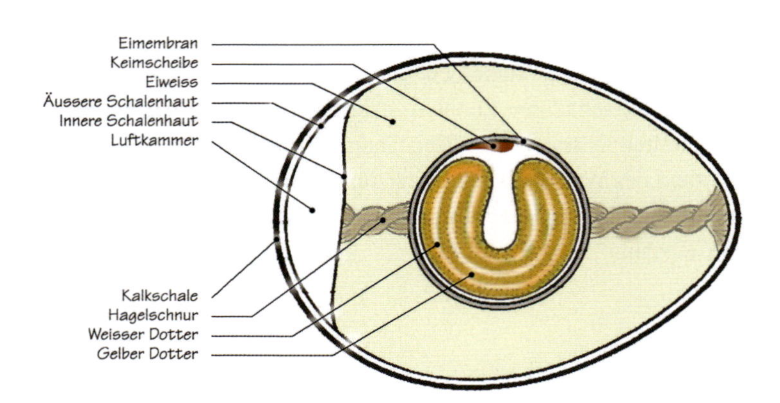

Erklärung

Biologische Wertigkeit gibt an, wie viel Gramm Körpereiweiß pro 100 g zugeführten Nahrungseiweiß aufgebaut werden können. Sind geringe Mengen an essenziellen Aminosäuren im Nahrungsprotein enthalten, dann verringern diese den biologischen Wert. Getreide hat eine biologische Wertigkeit von 50–60, Ei-Eiweiß hat als Referenzsubstanz 100.

Chromosomen beinhalten die Information für die Vererbung und damit die Funktion des menschlichen Körpers.

Eiweiß, auch *Protein* genannt, setzt sich aus vielen einzelnen Bausteinen zusammen. Diese Bausteine werden Aminosäuren (es gibt 20 verschiedene) genannt, die nur teilweise vom Körper selbst synthetisiert werden können. Die übrigen (10) müssen mit der Nahrung zugeführt werden und sind daher essenziell. Lysin als essenzielle Aminosäure ist im Getreide wenig vorhanden.

Enzyme haben im Körper die Funktion eines Katalysators und bewirken, dass chemische Reaktionen mit geringem Energieaufwand ablaufen können. Enzyme setzen sich aus Aminosäuren zusammen.

Essenziell sind lebenswichtige Substanzen, die mit der Nahrung zugeführt werden müssen, weil sie der Körper selbst nicht herstellen kann.

Fett besteht aus Glycerin, an dem 3 Fettsäuren chemisch gebunden sind. Diese Fettsäuren können unterschiedlich lang (je nach Anzahl der Kohlenstoffatome) sein und unterschiedliche chemische Bindungen innerhalb der Fettsäure zwischen den Kohlenstoffatomen (gesättigte und ungesättigte Bindungen) haben. Je länger die Fettsäuren und je mehr ungesättigte Bindungen, umso weicher bzw. flüssiger das Fett.

Kohlenhydrat ist der Sammelbegriff für verschiedene Zucker. Monosaccharide (= Einfachzucker) bestehen aus einem einzigen Zuckerbaustein, zum Beispiel Glucose (= Traubenzucker). Werden zwei Zuckerbausteine miteinander chemisch verbunden, dann spricht man von Disacchariden (= Zweifachzucker), wie zum Beispiel der Haushaltszucker, bei dem Glucose und Fructose (Fruchtzucker) miteinander verbunden sind. Polysaccharide (= Vielfachzucker) beinhalten viele Monosaccharideinheiten, so besteht Stärke aus vielen Glucosebestandteilen.

Erklärung

Trockenmasse: Das Wasser wird vollständig durch einen genau festgelegten Trocknungsprozess aus dem Lebensmittel entfernt, sodass die Trockenmasse übrig bleibt.

Vitamine werden zwar vom Körper nur in geringen Mengen benötigt, müssen aber (fast ausschließlich) mit der Nahrung zugeführt werden und sind somit essenziell. Vitamine werden als Begleitsubstanzen bei vielen chemischen Reaktionen im gesamten Körper benötigt und sind daher für die gesamte, ordnungsgemäße Stoffwechselfunktion mitverantwortlich.

Qualitätskriterien für die Zutaten der Nudelherstellung

Laut Österreichischem und Deutschem Lebensmittelbuch erfolgt eine Unterscheidung zwischen Teig- und Eierteigwaren, was auch für die Benennung als Nudeln oder Eiernudeln gilt. Voraussetzung für die entsprechende Benennung ist ein gewisser Eigehalt im Nudelteig. In Österreich werden mindestens 90 g, in Deutschland mindestens 100 g Vollei benötigt, wenn von Eier-Teigwaren die Rede sein soll (siehe Anhang, wo das jeweilige Codexkapitel bzw. die Leitsätze für Teigwaren angeführt sind).

In diesem Buch habe ich zwischen Teigwaren/Nudeln und Eierteigwaren/Eiernudeln nicht unterschieden, was der Bedeutung gleichkommt, dass mit dem Ausdruck Nudeln (Teigwaren) auch Eiernudeln gemeint sind, trotz klarer Unterscheidung im Lebensmittelbuch!

Bei jeder Lebensmittelherstellung gilt der Grundsatz, dass nur aus hochwertigen Rohmaterialien auch ein hochwertiges Produkt erzeugt werden kann! Damit steht fest, dass Sie die neueste Nudelmaschine und die bestgesteuerte Trockenanlage in Ihrem Produktionsraum haben können und trotzdem nur mäßige Nudeln erzeugen werden, wenn Grieß, Eier, Wasser oder andere Rohwaren nicht die beste Qualität aufweisen.

Zur Nudelherstellung wird vor allem Hartweizengrieß (= Durumgrieß) verwendet, der mit einer Flüssigkeit, Eiern und/oder Trinkwasser, zu einem formbaren Teig vermischt wird. Dieser muss, um formstabil zu bleiben, gepresst und zur längeren Haltbarkeit getrocknet werden. Folgt der Erzeugung ein rascherer Verbrauch, dann können sie auch im frischen Zustand gekühlt, im Schutzgas verpackt oder tiefgefroren gelagert werden. Die Nudelerzeugung umfasst viele verschiedene Variationen, was durch Änderung von Mahlprodukt, Form, Länge, Farbe und Geschmack bewirkt wird.

Hartweizen

Der Anbau von Hart- oder Durumweizen erfolgt in trockenen Gebieten, wobei nicht jede Hartweizensorte für eine Nudelherstellung geeignet ist. Er zeichnet sich durch härtere Körner

(Glasigkeit) und Gelbpigmente aus. Letztere verleihen den Nudeln eine gelbere Farbe als mit Weizenauszugsmehl. Die Glasigkeit ist im Vergleich zum Weichweizen optisch leicht erkennbar durch ein hornig-transparentes Endosperm und verleiht der Nudel einen besseren „Biss".

Die Stärkequalität wird im Labor anhand der Fallzahl oder als Amylogramm bestimmt. Eine gute Nudelqualität hängt vom Proteingehalt, der bei 13 % liegen soll, und von der Beschaffenheit des Klebers ab, der wiederum mit dem Glutenindex ausgedrückt wird. Als dimensionslose Größe sollte er mehr als 70 betragen. Der Kleber des Hartweizens hat eine andere Zusammensetzung als jener von Weichweizen und liegt auch vom Gehalt her höher, was sich positiv auf die Kocheigenschaften auswirkt.

Einteilung des Hartweizens nach Zerkleinerungsgrad

Mahlprodukt	Teilchengröße
Durumgrieß grob	mindestens 50 % zwischen 0,5 und 1 mm
Durumgrieß normal	mindestens 50 % zwischen 0,125 und 0,71 mm
Durummehl	mindestens 50 % zwischen 0,09 und 0,25 mm

Die Benennung von Mahlprodukten geht auf den Feinheitsgrad der zerkleinerten Teilchen (Körnung) zurück. Grieß fällt als gröbere Fraktion wie Mehl in der Müllerei an. Für Hartweizen gibt es eine Einteilung laut Codex Alimentarius Austriacus im Kapitel B 20, wo je nach Zerkleinerungsgrad des Mehlkörpers in Durumgrieß grob, Durumgrieß normal und Durummehl unterteilt wird. Bei den Weichweizenmahlprodukten wird auch noch „Dunst" angeführt, dessen Teilchengrößen zwischen Grieß und Mehl liegen. Die Einteilung in Mehltypen hat nur mit dem Aschegehalt (siehe Allgemeines zu den Rohstoffen) zu tun und wird ergänzend zur Teilchengrößendeklaration angeführt.

Stippigkeit beim Grieß

Finden sich dunkle Teile der Kornschale im Grieß

wieder, so spricht man von „Stippigkeit“ (Dunkelfleckigkeit). Im gröberen Grieß sind diese augenscheinlicher und auch die Nudeln zeigen bei genauerer Betrachtung kleine Flecken, wobei das lediglich eine optische Angelegenheit darstellt und nichts über die Qualität des Produktes aussagt.

Die Dunkelfleckigkeit kann aber auch von Schwärzepilzen verursacht sein, die sich besonders am Keimling und in der Bauchfurche ansiedeln. Diese Pilze treten durch ungünstige (feuchte) Witterungs- und Lagerverhältnisse auf. Die Verfärbungen sind zunächst im Grieß und auch später in der Teigware als dunkle Stippen erkennbar.

Von jener Müllerei, von der Sie den Grieß beziehen, können Sie eine Produktbeschreibung anfordern. Als Beispiel bietet die Firma Farina den „Durumgrieß SSS“ Type 900 an. In der Produktspezifikation wird auf allgemeine Beschaffenheit, chemisch-physikalische Anforderungen über Zusatzstoffe, Pestizide, bakteriologische Anforderungen bis hin zur Verpackung, Lagerung und Haltbarkeit eingegangen.

Weichweizen

Für Weichweizen gelten auch die Synonyme Saat- oder Brotweizen. Bei der Herstellung von Nudeln aus Weizenauszugsmehl (wie zum Beispiel Type W 480) muss die Qualität wie zum Brotbacken gegeben sein. Die Kocheigenschaften werden durch die Verwendung von Saatweizenmehl anstatt von Hartweizengrieß nicht wesentlich beeinflusst, sofern bis zur Bissfestigkeit gekocht wird. Bei einer längeren Kochzeit nimmt das Nudelvolumen stärker zu und die Bissfestigkeit geht verloren. Jene Hersteller, die mit Durumgrieß und Eier arbeiten, schwören auf die Kochstabilität und Bissfestigkeit, auch wenn die Nudeln überlang im Wasser gekocht werden. Produzenten, die Saatweizenmehl statt Durumgrieß verwenden, behaupten, dass die Nudeln geschmeidiger werden und auch bei einem längeren Kochprozess nicht ins Matschige ausarten. Ein Pro und Kontra muss jeder selbst abschätzen oder ausprobieren; in jedem Fall muss die Qualität des Mahlproduktes einwandfrei sein.

Durumgrieß und Weichweizenmehl gemischt

Mahlprodukte können für die Nudelherstellung auch gemischt werden. Durumgrieß gibt die Bissfestigkeit und Weichweizenmehl verursacht eine zusätzliche Geschmeidigkeit.

Empfehlungen gehen von einer Mischung aus, die 70 % Durumgrieß und 30 % Weichweizenmehl (griffig) beinhaltet.

Versuche mit verschiedenen Mischungen im kleinen Rahmen lassen die eigenen Vorlieben zur Geltung kommen, wobei Sie auch die Kocheigenschaften ausprobieren sollten. Zusätzlich müssen Sie auch die Mischbarkeit des gröberen Grießes mit dem feineren Mehl berücksichtigen, sodass genügend Zeit für eine gleichmäßige, homogene Teigherstellung bleibt.

Mehrkornteigwaren

Das Mischen von drei oder mehreren verschiedenen Getreidearten und Körnerfrüchten ist selbstverständlich erlaubt und bietet möglicherweise sogar die Chance, eine geschmackliche Richtung zu kreieren, die auch der Vermarktung einen zusätzlichen Impuls verleiht. Sie müssen aber bedenken, dass ein starker Eigengeschmack nicht immer den eigenen und fremden Vorstellungen entspricht. Als Voraussetzung für ein gutes Produkt gilt wieder, dass die Zutaten von einwandfreier Qualität sein müssen.

Zusätzlich kommt zum Tragen, dass die Getreidearten, die üblicherweise zur Nudelherstellung verwendet werden (Hartweizen, Weichweizen, Dinkel), Klebereiweiß (Gluten) beinhalten, das für die Formung des Teiges und die Kochqualität von großer Bedeutung ist (siehe auch „Alternative Körnerfrüchte“). Die Zugabe von Eiern unterstützt die Qualität des Nudelteiges für die Formgebung und Trocknung und kann somit in gewisser Weise das Fehlen von Gluten ausgleichen.

Beachten müssen Sie ebenso, dass eine Mischung aus verschiedenen Mahlprodukten vor der Zugabe der Flüssigkeit gleichmäßig sein muss. Damit vermeiden Sie nämlich, dass in einer Charge Teigwaren unterschiedlichen Geschmacks (je nach Frucht) erzeugt werden, was ganz gewiss nicht im Sinne der Qualitätssicherung ist.

Unterschied Vollkornmehl zu Auszugsmehl

Weizenvollkornmehl

Ein hochwertiges Produkt in der Nudelherstellung resultiert aus der Verwendung von Weizenvollkornmehl. Alle Inhaltsstoffe eines ganzen Getreidekornes werden damit der Ernährung zugänglich gemacht. Die Wertigkeit solcher Nudeln steigt nochmals durch die Verwendung von Eiern. Da beim Vollkornmehl das gesamte Korn vermahlen wird, sind auch leicht verderbliche Inhaltsstoffe, vor allem Fette, die im Keimling lokalisiert sind, dabei. Es empfiehlt sich daher, nach dem Kauf des Vollkornmehles dieses nicht zu lange zu lagern, damit nicht ranzige Nudeln erzeugt werden.

Als Alternative bietet sich eine Haushaltsmühle an, damit das Vollkornmehl an Ort und Stelle erzeugt werden kann. Eine rasche Teigbereitung und Nudelherstellung ermöglicht damit geringe Verluste an wertvollen Inhaltsstoffen, die aus Abbauvorgängen im Lebensmittel resultieren. Diese Art der Herstellung kann an Frische und Vollwertigkeit kaum übertroffen werden. Als Grundvoraussetzung gilt natürlich, dass der Weizen und die übrigen Zutaten mit bester Qualität verwendet werden. Diesbezüglich gibt eine sensorische Bewertung des Geruches und der Farbe bereits erste Hinweise auf eine gute, äußere Kornqualität.

Bei der Herstellung von Vollkornnudeln sollten Sie beachten, dass die Farbe der Nudeln nicht goldgelb wie mit Durumgrieß wird, sondern ins Braune abweicht. Inwieweit sich diese Tatsache bei der Direktvermarktung der Produkte auf das Kaufverhalten auswirkt, kann nur von jedem selbst ausprobiert werden. Es gibt durchaus Kunden, die Vollkornnudeln aufgrund ihrer Farbe ablehnen, weil Nudeln mit Goldgelb in Verbindung gebracht werden. Auch im Mund fühlen sich Vollkornnudeln im Allgemeinen gröber an. Im direkten Kontakt mit den Käufern besteht aber die Möglichkeit, auf die großartigen Vorteile hinzuweisen. Für Ernährungsbewusste zählt weniger die Farbe, umso mehr aber der vollwertige Inhalt.

Dinkel

Er beinhaltet im Durchschnitt mehr Klebereiweiß als Hart- oder Saatweizen, wobei aber die Qualität als geringer einzustufen ist. Durch den hohen Glutengehalt werden auch Erzeugnisse ohne Ei formstabil und geschmeidig. Gute Kocheigenschaften können daher auch mit einem Teig aus Dinkel und Trinkwasser erreicht werden, was vegetarisch und fettarm essenden Kunden zu Gute kommt. Werden Eier verwendet, so steigt natürlich die biologische Wertigkeit der Nudeln entsprechend an.

Farblich sind Dinkelnudeln durch die Farbgebung des Mahlproduktes braun. Ein dunkleres Braun ergibt sich bei Dinkelvollkornnudeln gegenüber solchen mit Dinkelfeinmehl. Auch der Dinkelgeschmack ist mit Vollkornmehl intensiver. Nudeln aus Dinkelvollkornmehl wirken im Mund aber gröber, weil die Schalenanteile nicht so fein zerkleinert werden.

Unterschied Dinkelvoll- und Dinkelfeinmehl

Alternative Körnerfrüchte

Weizen, Roggen, Gerste und Hafer beinhalten das Klebereiweiß (Gluten), welches bei Glutenunverträglichkeit nicht auf dem Speiseplan stehen sollte. Teigwaren aus alternativen Körnerfrüchten bieten die Möglichkeit, solchen Personen den Verzehr von Nudeln zu ermöglichen. Mais, Reis, Buchweizen, Hirse, Sojabohne, Mungbohne, Amaranth sowie Quinoa bieten sich dabei an.

Beachten sollten Sie aber bei Verwendung dieser alternativen Früchte, dass das Gluten ein wichtiger Faktor zur Herstellung von formfesten Teigwaren darstellt und die Kochqualität dadurch wesentlich mitbestimmt wird. Außerdem muss der Geschmack der einzelnen Früchte, der von den üblichen Vorstellungen bei Waren aus Weizen abweicht, berücksichtigt werden. Das Mischen von verschiedenen Früchten bietet sich daher an, um einen dominanten Geschmack ein wenig zu neutralisieren.

Kleine Betriebe und Direktvermarkter haben natürlich die Möglichkeit, auf individuelle Kundenwünsche einzugehen und glutenfreie Teigwaren herzustellen. Für die Produktion gilt aber jedenfalls, dass mit kleinen Mengen Versuche gestartet werden sollen, um Machbarkeit und Geschmack zu eruieren.

Hühnerei

Frische Eier gelten als oberstes Gebot bei der Eierteigwarenerzeugung im Haushalt oder bei direktvermarktenden Betrieben. Äußerlich verschmutzte Eier, Bruchеier sowie Eier, die mit krankmachenden Keimen (zum Beispiel Salmonellen) befallen sind, dürfen zur Herstellung von verkaufsfähigen Eierteigwaren nicht herangezogen werden. Um alle diese Anforderungen erfüllen zu können, müssen die verwendeten Eier der Güteklasse A entsprechen.

Durch eine längere Lagerung kommt es beim Ei zum Stoffaustausch mit dem Umfeld durch die poröse Schale hindurch. Mit der Lagerungsdauer nimmt auch die Größe der Luftkammer zu, was als Beurteilungskriterium für das Alter eines Eies herangezogen wird. Mit einem einfachen Test im Trinkglas kann dies überprüft werden: Ein frisches Ei sinkt im Salzwasser sofort zu Boden, ein älteres schwimmt.

Es finden auch Abbauprozesse durch eigene Enzyme statt und im schlimmsten Fall dringen von außen über die Poren Mikroorganismen ein und führen zum Verderb. Logischerweise besteht für Brucheier ein viel höheres Risiko bezüglich Verderb. Es gibt also mehrere Gründe, warum Eier der Güteklasse A zur Nudelherstellung verwendet werden sollen.

Wasser

Grieß oder Mehl als abgepackte Ware im Handel haben einen maximalen Wassergehalt von 15 %. Damit aus den Mahlprodukten ein Teig hergestellt werden kann, muss auch die geeignete Flüssigkeitsmenge zugeführt werden. Das geschieht entweder mit einer entsprechenden Menge an Eiern oder an Trinkwasser. Das Wasser muss im Labor auf seine chemische und mikrobiologische Qualität und Unbedenklichkeit geprüft werden, wenn die Nudeln nach der Produktion nicht ausschließlich im Haushalt konsumiert werden, sondern auch für das In-Verkehr-Bringen bestimmt sind.

Wie schon vorhin erwähnt, beinhaltet Dinkel sehr viel Kleber, sodass formstabile, bekömmliche Nudeln ohne Ei produziert werden können. Das Klebereiweiß von Hart- und Weichweizen reicht auf jeden Fall aus, um einen eifreien Teig zu Nudeln formen zu können. Beim Kochen der Nudeln erkennen Sie aber den Unterschied, ob der Teig mit oder ohne Ei bereitet wurde. Dieser zeigt sich darin, dass sie ohne Hühnerei rascher zerkochen. Die beste Kombination, ein Teig aus Hartweizengrieß und Ei, bleibt mehr als 20 Minuten im Kochwasser stabil ohne matschig zu werden. Das Einbringen von Ei-Eiweiß wirkt sich somit positiv auf das Kochverhalten aus.

Kräuter, Gewürze und Gemüse als Zugabe für Geschmack und Farbe

Die Grundsubstanzen für die Nudelherstellung sind Grieß bzw. Mehl, Trinkwasser und/oder Eier. Kräuter, Gewürze und Gemüse bereichern als Zutaten den Nudelteig. Farbe und Geschmack in verschiedenen Variationen sorgen für ein vielfältiges Nudelangebot im Haushalt und eröffnen zusätzliche Absatzchancen beim Verkauf der Ware.

Die einfachste Möglichkeit, um etwas Farbe oder anderen Geschmack ins Sortiment zu kriegen, ist die Zugabe eines Pulvers (zum Beispiel Tomaten, Spinat, Steinpilz), das bei Firmen, die Nudelmaschinen vertreiben, erhältlich ist. Von der Qualität in mikrobiologischer Hinsicht gibt es beim Pulver keine Probleme, wenn es unter Wärmebehandlung hergestellt wurde.

Mehr Vorsicht sollten Sie bei der Zugabe von Frischware aus dem hauseigenen oder Garten Ihres Nachbarn walten lassen. Falls sich Keime auf den Blattmassen oder Früchten befinden, dann sind sie nicht sichtbar und gelangen so in die Nudeln. Sicherheit erhalten Sie nur durch eine Untersuchung der Nudeln als frische oder getrocknete Ware in einem Labor. Auf jeden Fall die Zugaben mit sauberem Trinkwasser vor Gebrauch waschen und erst dann zur Verwendung zerkleinern. Außerdem empfiehlt es sich, die frischen Zutaten nicht an stark befahrenen Straßen oder in Abgasfahnen von Industrien zu ernten, weil die Belastung mit Staub und Schmutz erheblich höher ist.

Im Handel erhältliche getrocknete, nicht pulverisierte Kräuter und Gewürze bieten eine sehr gute Sicherheit, weil Firmen bei der Manipulation solcher Produkte Kontrollen unterliegen, damit sie vorgegebenen, notwendigen Standards entsprechen.

Erklärung

Amylogramm: Mit dem Amylographen wird der Verkleisterungsverlauf der Mehl-Wasser-Suspension bei langsam steigender Temperatur aufgezeichnet. Ein enzymreiches Mehl erreicht die geforderten 500 Amylogrammeinheiten nicht.

Fallzahl: Eine Schnellanalysenmethode, mit der statt des Amylographen die Enzymaktivität (Alpha-Amylase) bestimmt wird; sie soll für eine gute Qualität zumindest 220 Sekunden betragen.

Gelbpigmente: Carotenoide sind gelbe und rote natürliche Lebensmittelfarbstoffe und im Pflanzen- und Tierreich weit verbreitet (Gemüse, Blätter, Früchte, Ei…).

Glasigkeit: Beim durchgeschnittenen Korn erscheint das Endosperm nicht weiß, sondern hornig-transparent.

Glutenindex: Beim Zentrifugieren durch ein definiertes Sieb wird je nach Kleberqualität ein bestimmter Anteil zurückgehalten. Eine gute Qualität drückt sich in einem hohen Glutenindex aus, die sich positiv auf die Kocheigenschaften auswirkt.

Nudelherstellung

Nudelherstellung

Der Begriff „Pasta“ steht im Italienischen für Teigwaren, die aus Hartweizengrieß und Trinkwasser in vielen verschiedenen Formen gefertigt werden. Das Wort „Teig“ stammt aus dem Germanischen (Kneten, germanisch: daiga). Er setzte sich ursprünglich nur aus Mehl und Wasser zusammen. Alle folgenden Beschreibungen zur Nudelherstellung entspringen bäuerlichen oder kleineren Nudelproduzenten, die mir ihre Erfahrungen weitergegeben haben. Alle Namen dieser Betriebe sind im Anhang aufgelistet.

Die anschließende beschreibende Ausführung über die Nudelherstellung bringt Sie sicher soweit, dass Sie Nudeln selbst herstellen können. Es gibt aber kein einheitliches Rezept, weil jeder seine Vorlieben und Ideen hat. Besonders bei der Trocknung gibt es keine allgemein gültige Anleitung, denn die beeinflussenden Faktoren vor Ort variieren sogar auch schon innerhalb eines Betriebes.

Am Beginn der Nudelproduktion empfiehlt sich das Ausprobieren in jeder Hinsicht, aber starten Sie die Versuche nur mit kleinen Mengen, damit nicht zu viel Biomüll produziert wird. Schreiben Sie ihre Rezepturen bei jedem Versuch mit, um hinterher eine genaue Zuordnung machen zu können. Greifen Sie immer wieder neue Ideen bezüglich Geschmack, Farbe und Form auf, damit Familienmitglieder und Kunden von der Nudelvielfalt überzeugt werden.

Herstellungsablauf von Bandnudeln

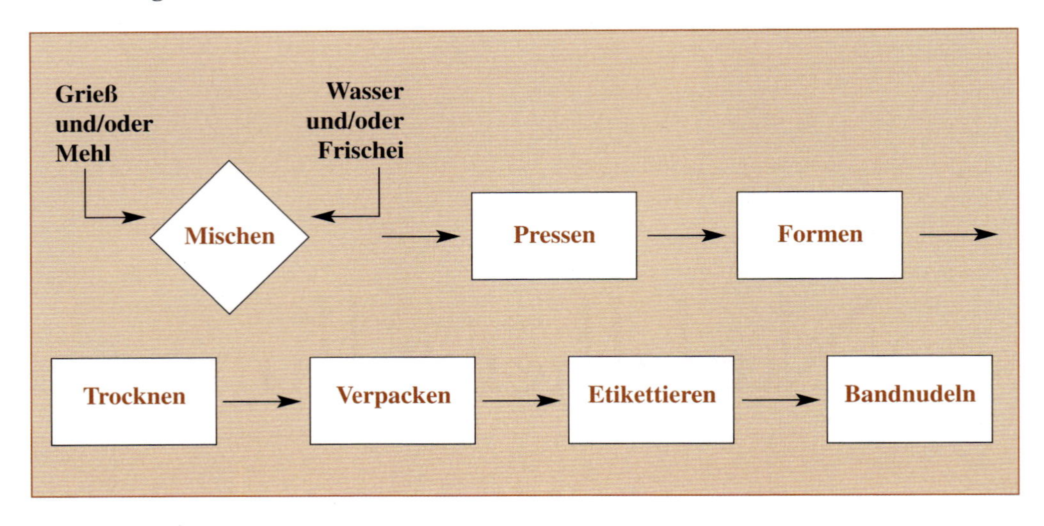

Manuelle Nudelproduktion

Zur Nudelherstellung für den eigenen Haushalt bietet sich zunächst die manuelle Art der Herstellung an, um vorerst keine größeren Beträge investieren zu müssen. Dabei können Sie die Hilfe einer handbetriebenen Nudelmaschine zur Ausformung der Nudeln in Anspruch nehmen oder auch nicht. Wenn Sie größere Mengen für die Direktvermarktung erzeugen wollen, dann wird der Weg an einer elektrischen Nudelmaschine nicht vorbeiführen, damit Sie sich arbeitsmäßig nicht überlasten.

Ohne Mithilfe einer Maschine ist die persönliche Geschicklichkeit speziell beim Ausrollen sehr von Vorteil. Die Herstellung des Teiges ist jedenfalls mit Weizenmehl, Trinkwasser und/oder Hühnerei, Öl und Salz möglich. Als Zutaten für eine alternative Teigbereitung bieten sich Weizenvollmehl, Hirsemehl, Buchweizenmehl, Ei, Salz, Olivenöl und lauwarmes Trinkwasser an. Auf einer passenden Arbeitsunterlage (Brett aus Kunststoff oder Holz) oder in einer Schüssel werden sie vermengt. Dazu geben Sie das Gemisch aus Voll-, Hirse- und Buchweizenmehl auf die Arbeitsfläche und formen darin eine Mulde. Ei, Salz, Olivenöl und etwas Trinkwasser mit einer Gabel in einem kleinem Behälter verrühren, in die Mulde leeren, anschließend das Mehl händisch vom Rand einarbeiten und die Masse kräftig kneten. Die restliche Flüssigkeit in kleinen Portionen dazugeben und einen glatten, geschmeidigen, eher festen Teig herstellen.

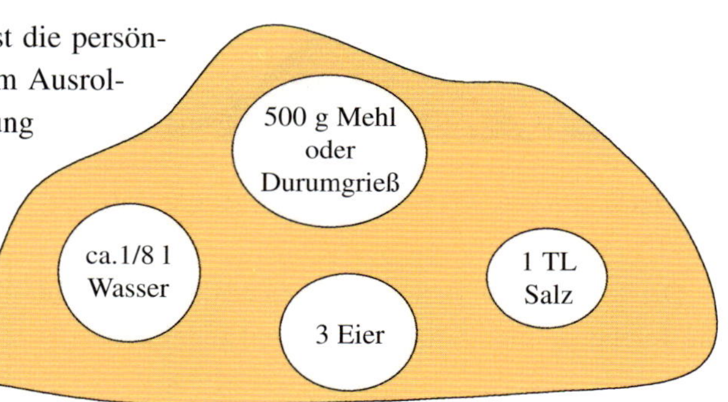

Eine Möglichkeit der Teigzusammensetzung

Um nicht zuviel Wasser bei einer nachträglichen Zugabe zu erwischen, wenn der Teig noch ein wenig zu

Eine Möglichkeit einer alternativen Teigzusammensetzung

Teig nach dem Kneten (Vollkorn- und Auszugsmehl)

trocken ist, reicht es aus, wenn Sie die Hand ins Trinkwasser tauchen und weiterkneten. Danach soll diese Masse bei Zimmertemperatur mindestens 30 Minuten rasten. Das Ausrollen erfolgt auf einer mit Mehl bestaubten Unterlage. Die Gleichmäßigkeit der Teigstärke ist wichtig, damit alle Nudeln beim Kochen zur gleichen Zeit gar werden. Den ausgerollten Teig schneiden Sie mit einem Messer in gleichmäßige Streifen und schon haben Sie frische Bandnudeln.

Die angeführten Mengenangaben beziehen sich auf 4 Personen. Weitere Grundrezepte für die Teigherstellung sind im Rezeptteil angeführt.

Manuelle Nudelproduktion mit maschineller Unterstützung

Für den kleinen Einsatz im Haushalt steht der Nudelerzeugung auch maschinelle Unterstützung zur Verfügung. Diese beginnt bereits beim Mehlbereiten. Für Ernährungsbewusste bietet sich die Möglichkeit, die ganzen Körner kurz vor Gebrauch mit einer Hausmühle zu mahlen. Damit verarbeiten Sie alle Inhaltsstoffe des Kornes in den Nudelteig und tragen zu einer Vollwertkost bei. Sie haben auch die Garantie, dass das Mehl keine langen Transportwege oder Lagerzeiten hinter sich hat. Die Frische und die inhaltlichen Bestandteile sind somit von allerhöchster Qualität. Was natürlich voraussetzt, dass das Getreide ordnungsgemäß gelagert wurde und die Qualität stimmt.

Eine weitere maschinelle Unterstützung erfahren Sie durch eine handbetriebene Nudelmaschine. Grundsätzlich gilt dabei, dass der Nudelteig feuchter sein muss als bei einer elektrischen Nudelmaschine. Ein Vorschlag für die Teigzusammensetzung geht in die Richtung, dass Dinkelvollkornmehl, Trinkwasser, Salz und Öl verwendet werden (siehe

Seite 39). Falls nur Hühnereier als Flüssigkeitsquelle herangezogen werden, dann gilt zur Orientierung, dass zu 100 g Mehl 1 Ei (Gewichtsklasse L) gegeben wird.

Teigherstellung mit der Küchenmaschine

Das Mehl auf die Arbeitsfläche geben und in der Mitte eine Mulde formen. In diese werden Trinkwasser und/oder Eier, die vorher gut mit dem Öl und dem Salz verrührt wurden, geleert. Vom Rand das Mehl in die Mitte bringen und mit der Hand zu einem homogenen Teig kneten. Als einfachere Lösung bietet sich an, die Zutaten in die Küchenmaschine zu geben und darin zu einem gleichmäßigen Teig zu rühren.

Beim Drücken des fertigen Teiges zwischen Daumen und Zeigefinger soll die Masse gut kleben. Für die Flüssigkeitszugabe gilt wie vorher, dass sie bei den ersten Versuchen der Teigherstellung sehr dosiert erfolgen soll, damit der Teig nicht zu feucht wird. Erst die notwendige Erfahrung wird die genaue Flüssigkeitsmenge mit sich bringen, damit die Masse immer mit der richtigen Konsistenz entsteht. Anschließend werden kleine Portionen vom Teig mit Hand und Nudelholz flach ausgeformt und mit der Nudelmaschine stufenweise ausgerollt, sodass längliche Teigbänder entstehen. Die Stärke wird an der Maschine eingestellt und richtet sich nach der Verwendung. Teig für Bandnudeln darf nicht so dünn sein wie jener für Suppennudeln. Der große Vorteil gegenüber dem ausgerollten Teig mit einem Nudelholz liegt in der Gleichmäßigkeit des Teiges.

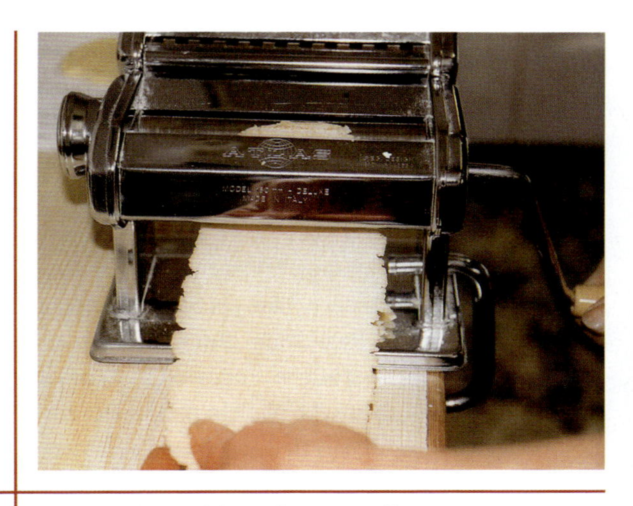

Teig mit der Nudelmaschine ausrollen

Die Walzen zur Formgebung der Nudeln befinden sich ebenso

Dünn ausgerolltes Teigband

Nudelmaschine für den Handbetrieb

auf der handbetriebenen Nudelmaschine und sind auswechselbar. Verschiedene Aufsätze ermöglichen neben Suppen- und Bandnudeln auch die Produktion von Spaghetti oder Ravioli. Spätestens bei der Ausformung des länglichen Teigbandes zeigt sich, ob die Teigfeuchte entspricht. Eine zu feuchte Masse klebt an den Walzen und auch die Nudeln selbst kleben zusammen bzw. haften sehr gut an einer Trocknungshorde. Eine nachträgliche Mehlgabe zum Teig schafft keine Abhilfe, weil Flecken an der Oberfläche entstehen, wenn nicht bis zur Homogenität geknetet wurde. Ein zu trockener Teig verursacht brüchige Nudeln. Sollte das der Fall sein, so können Sie durch geringe Flüssigkeitszugabe und nochmaliges Kneten noch immer einen optimalen Teig herstellen.

Einen Schuss Öl bei der Bereitung zugegeben, macht den Teig geschmeidig. Es sollte dem Teig auch zumindest die Zeit von 30 Minuten zum Rasten gewährt werden. Eine Nudelproduzentin hat mir anvertraut, dass der Dinkelteig schon alleine deshalb nicht sofort verarbeitet werden soll, damit die Nudeln nicht fleckig werden. Das Vollkornmehl und auch andere Mahlprodukte durchziehen sich beim Rasten besser mit Feuchtigkeit.

Es spricht nichts dagegen, wenn Sie im Haushalt mehr Nudeln herstellen, als Sie im Moment benötigen. Der Rest kann durch Haltbarmachung zu einem späteren Zeitpunkt verwendet werden. Einfach frische Nudeln portioniert einfrieren und bei Bedarf in der notwendigen Menge verkochen. Tiefgefroren hält die frische Ware zumindest 6 Monate. Bei einer Temperatur-

absenkung auf Kühlschrankniveau können sie zumindest 2 Tage aufbewahrt werden. Das Haltbarmachen durch Trocknen ist im Haushalt somit nicht unbedingt erforderlich, aber auch nicht problematisch. Die Nudeln müssen aufgelockert am Tuch in einem zugigen Raum liegen, gewendet werden und nach einigen Tagen sind sie trocken. Eine direkte Sonnenbestrahlung meiden, damit die Nudeln nicht durch den zu raschen Wasserentzug brüchig werden. Beim Trocknen benötigen Sie viel Platz, weil Nudeln nicht zu dicht übereinander liegen sollen. Zur Überprüfung des fertig getrockneten Zustandes müssen die Nudeln ohne zähe Verformung, knackend, glatt brechen.

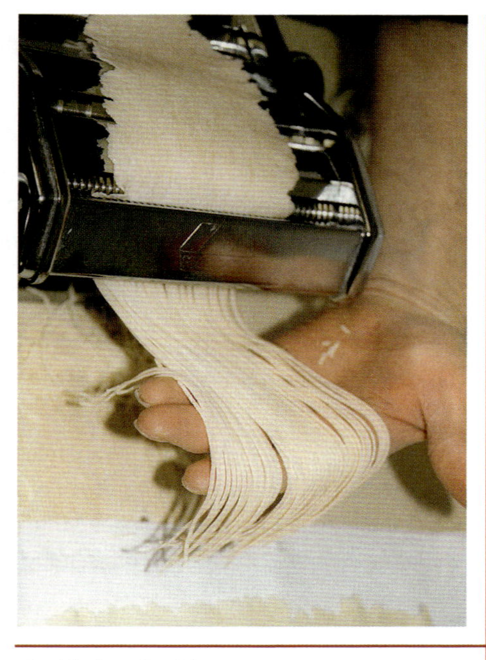

Nudelteig schneiden

Natürlich können selbst gemachte Nudeln auch in gefärbten Varianten ausgeführt sein. Zum Färben des Teiges ins Rote eignen sich Tomatenmark oder Roter-Rüben-Saft (= Rote Beete). Der flüssige Farbstoff ersetzt bei der Teigbereitung teilweise oder ganz das Trinkwasser und/oder die Hühnereimasse. Zur Farbgebung, bezogen auf die Teigmasse für 4 Personen, wie sie am obigen Beispiel angeführt sind, werden etwa 4 Esslöffel dazugegeben. Grüne Nudeln schaffen Sie durch die Beimischung von 5 Esslöffeln passiertem Spinat. – Aber aufpassen, die zugeführte Flüssigkeit ersetzt teilweise oder ganz jene des ungefärbten Teiges. Eine Geschmacksverbesserung erreichen Sie ebenso zum Beispiel mit fein gehackten Kräutern, Pilzen oder Kürbiskernen. Weitere und genauere Ausführungen finden Sie im Kapitel Farb- und Geschmacksvariationen des Teiges auf Seite 44.

500 g Dinkelvollkornmehl
ca. 1/8 l Wasser
Salz
2 EL Öl

Eine mögliche Teigzusammensetzung für Dinkelnudeln

Produktion mit einer elektrischen Nudelmaschine

Die elegantere und einfachere Art der Nudelherstellung im Gegensatz zur händischen besteht sicher in der Verwendung einer elektrischen Nudelmaschine. Das Angebot im Handel reicht von der Haushaltsgröße, beginnend bei 0,5 kg Fassungsvermögen Grieß, bis hin zu Größen für einen gewerblichen Einsatz. Für die industrielle Fertigung gibt es noch effizientere Möglichkeiten zur Herstellung und vor allem Trocknung, deren Dimensionen für die täglichen Produktionsmengen nach oben offen sind.

Teigherstellung

Der große Vorteil elektrischer Nudelmaschinen für die Erzeugung von Haushaltsmengen oder für die Direktvermarktung liegt darin, dass alle Zutaten in den Mischbehälter gegeben werden und eine Mischwelle in der Mitte des Behälters mit einer untenliegenden Schneckenwelle für die notwendige Durchmischung des Teiges sorgen.

Elektrische Nudelmaschine

Das Fassungsvermögen für Grieß (Mehl) geben die jeweiligen Herstellerfirmen an. Für das Mischen gilt, dass zunächst die entsprechende, abgewogene Masse an festen Zutaten in den Behälter geleert und die Flüssigkeit während der Rührbewegungen der Wellen kontinuierlich dazugegeben wird. Eine rasche Zugabe bringt keinen Zeitgewinn, weil zur Herstellung einer homogenen Teigmasse – also zur Befeuchtung des Grießes (Mehls) – gleichmäßig und länger gemischt werden muss.

Die Mischzeit beträgt etwa 10–15 Minuten. Die Beschaffenheit des Teiges wird auf die gewünschte Nudelform abgestimmt. Die Abstimmung erfolgt durch die Zugabe der notwendigen Flüssigkeitsmenge. Es gilt dabei, dass für längere Nudeln (Band- und Suppennudeln) eine streuselartige, bröselige Konsistenz angestrebt wird und für kurze Nudeln (Spiralen, Hörnchen, gerillte Kurznudeln) kleinere Klumpen im Teig zu sehen sind.

Mischbehälter einer elektrischen Teigmaschine von oben

Damit die Zutaten nicht bei jeder Charge auf gut Glück gemischt werden, empfiehlt sich die Verwendung einer Waage oder eines Messbechers. Damit die Benennung von Nudeln mit Eiern im Zusammenhang mit den Inhaltsstoffen korrekt ist, muss laut Lebensmittelcodex in Österreich und den Leitsätzen für Teigwaren in Deutschland eine gewisse Eimasse pro kg Grieß verwendet werden (Codexkapitel B19 bzw. Leitsätze sind im Anhang nachzulesen). In Österreich wurde festgehalten, dass „hausgemachte Eierteigwaren" mit mindestens sechs Eiern (entsprechen 270 g) pro kg Grieß hergestellt werden müssen. Für Deutschland gilt bei „Eierteigwaren mit besonders hohem Eigehalt" die Zugabe von 300 g Eimasse bzw. sechs Eiern.

Grieß in den Mischbehälter geben

Langsame Flüssigkeiszugabe ist wichtig

Nudelteigkonsistenz in Abhängigkeit der Verwendung

Nudellänge	Teigkonsistenz
Langnudel	bröselig, streuselartig
Kurznudel	klumpig

Bröselig gemischte Nudelmasse für Langnudeln

Von einigen Betrieben, die als Flüssigkeit nur Eier zusetzen, wurde mir die Zusammensetzung ihres Teiges mitgeteilt. Für Suppen- und Bandnudeln werden von 330 g bis 360 g Ei/kg Grieß verwendet. Bei Kurznudeln (Spiralen, Radiatori, ...) reichen die Massenangaben von 380 g bis 400 g Eier für 1 kg Grieß. Ein Betrieb gab an, pro kg Grieß 320 ml Eivolumen für Suppen- und Bandnudeln zu verwenden, die zusätzliche Feuchtigkeit für Kurznudeln wird mit Trinkwasser ergänzt und beruht vom Volumen her auf Erfahrung. Als Probe für den passenden Teigzustand von Langnudeln (bröselig, streuselartig) wird der homogen gemischte Teig mit der Hand zusammengedrückt, und er soll beim Loslassen nicht als ganzer Klumpen liegen bleiben, sondern wieder in kleinere Teile zerfallen.

Nudelteig mit Klumpen für Kurznudeln

Nach dem Herstellen eines gleichmäßig befeuchteten Teiges im Mischbehälter wird durch Umschalten der Laufrichtung der Schnecke der Teig durch den Presskanal zur Matrize befördert. Die Matrize ist mit einem Befestigungsring am Auspresskanal montiert. Sie wirkt für den Teig formgebend und ist einfach aus-

wechselbar, wodurch unterschiedliche Nudelformen ohne großen Aufwand produziert werden können. Da nach jedem Gebrauch Teigreste in der Matrize verbleiben, müssen die ersten ausgepressten Nudeln verworfen werden.

Geformte Nudeln treffen auf die Horde

Die Qualität der Nudeln hängt sehr stark von der Durchsatzmenge ab. Eine zu hohe Schneckengeschwindigkeit führt zu einer starken Erwärmung des Teiges beim Pressen, was die Nudelqualität ungünstig beeinflusst. Eine zu hohe Temperatur wirkt sich nämlich negativ auf das Klebereiweiß des Weizens aus, welches für die Formstabilität und Kochqualität sehr wichtig ist. Grundsätzlich soll ein geschmeidiger Teig verarbeitet werden, der durch entsprechende Feuchte und/oder Zugabe von Eiern erzielbar ist. Zur Erhöhung des Durchsatzes, ohne zusätzliche Erwärmung des Teiges, werden leistungsstärkere Maschinen mit einem wassergekühlten Presskanal ausgerüstet.

Auswirkungen einer falschen Teigfeuchte

Die richtige Teigfeuchte ist ein entscheidendes Kriterium für die einwandfreie Produktion von Nudeln. Diese erfordern nicht nur beste Qualität bei Geschmack und Kocheigenschaften, sondern sollen auch für das Auge ein ansprechendes Erscheinungsbild aufweisen. Deformierte oder gefleckte Nudeln aufgrund eines mangelhaften Teiges können passieren, lassen sich aber vermeiden.

Ist der Teig zu feucht geraten, so verläuft ein nachträgliches Einmischen von Grieß sehr zeitaufwändig. Zu feuchte Verhältnisse verursachen größere Klumpen, die womöglich von der Presswelle nicht erfasst werden können. Die ständige Anwesenheit zum manuellen Nachbefördern des Teiges ist damit notwendig, um nicht unnötige Leerläufe zu praktizieren. Zudem müssen Sie darauf achten, dass ein wassergekühlter Presskanal nicht zu lange ohne Teig läuft, damit Teigreste in Presskanal und Matrize nicht unerwartet antrocknen. Zu feuchte Nudeln kleben auf der Horde zusammen und können nur in mühsamer Einzelarbeit mit der Hand im feuchten Zustand voneinander getrennt werden (vor allem bei Bandnudeln). Werden aneinanderhaftende Nudeln getrocknet, so bleiben sie beisammen und brechen beim Trennversuch.

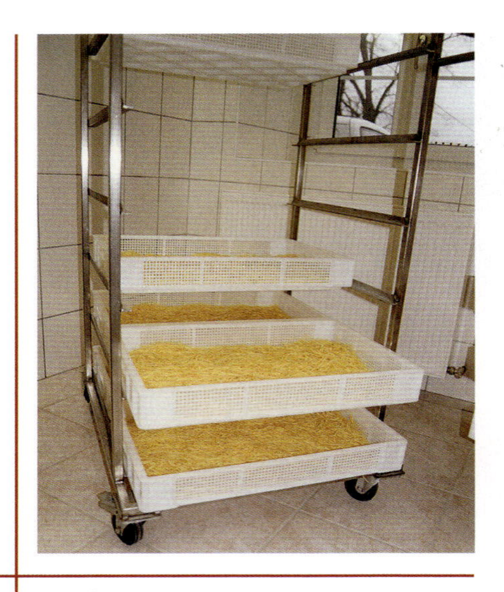

Hordenwagen

Zusätzlich gilt fürs Trocknen, dass bei sehr feuchten Nudeln eine größere Wassermenge verdunsten muss, damit die geforderte Restfeuchte erreicht wird, was einem Energiemehraufwand gleichkommt. All diese Nachteile können bei der Teigbereitung nach einer geeigneten Rezeptur durch die Zuhilfenahme einer Waage oder eines Messbechers vermieden werden.

Teigfeuchte als Qualitätskriterium

Teigfeuchte	Auswirkung
optimal	gut formbare, stabile Nudeln
zu hoch	Nudeln kleben sehr stark
zu niedrig	kleine Risse und brüchige Nudeln

Tritt der Zustand zu geringer Feuchte auf, so kann durch Zugabe von Flüssigkeit in den Mischbehälter in angemessener Menge leicht der Idealzustand hergestellt werden. Für diesen zusätzlichen Mischvorgang muss aber genügend Zeit zur Verfügung stehen, damit eine gleichmäßige Feuchte im Teig zustande kommt. Ungleichmäßige Verhältnisse spiegeln sich durch Flecken in den Nudeln wider. Trockene Verhältnisse zeigen sich auch durch kleine Risse am Rand der frischen Nudel oder wenn zum Beispiel eine Spiralnudel ein wenig auseinander gezogen wird. Die dadurch gegebene Brüchigkeit erhöht sich mit der Trocknung, sodass spätestens beim händischen Einpacken in Polypropylenbeutel die Nudeln häufig brechen.

Herstellungstechnisch verursacht ein trockener Teig einen erhöhten Widerstand beim Pressvorgang, wodurch die Temperatur bei gleich bleibender Durchsatzmenge ansteigt. Für eine optimale Nudelqualität soll eine gewisse Temperatur (50 °C) beim Nudelformen nicht überschritten werden. Im Sinne der Qualitätssicherung ist daher eine betriebseigene, optimale Zutatenrezeptur unumgänglich.

Farb- und Geschmacksvariationen des Teiges

Teig- und Eierteigwaren erhalten ein buntes Erscheinungsbild durch die Zugabe von natürlichen Farbstoffen, die entweder in getrockneter Form beigemischt werden oder durch solche aus flüssigen und pastösen Erzeugnissen. Wässrige Farbstoffe müssen sehr intensiv sein, um

auch einen färbenden Effekt bei den Nudeln auslösen zu können. Einen geschmacklichen Effekt erreichen Sie mit verschiedenen Kräutern, Gewürzen und Gemüsearten. Hier bietet sich die Zugabe in getrockneter oder frischer Form bei entsprechender Zerkleinerung an.

Bunte Nudeln mit Gewürz- und Gemüsepulver

Getrocknete Produkte zur Farb- und Geschmacksgebung

Damit ein optimaler Teig mit Farb- und Geschmacksänderung aus getrockneten Zutaten entsteht, werden diese zum Grieß gegeben. Erst nach einem ausreichenden Mischen, damit eine gleichmäßige Verteilung erreicht wird, soll die Flüssigkeit dazugegeben werden. Firmen, die Nudelmaschinen verkaufen, haben entsprechende Produkte als Pulver oder Granulat bzw. fein vermahlen oder gerebelt im Sortiment. Auch im Einzelhandel sind geeignete Zutaten erhältlich, die, falls notwendig, bedarfsgerecht mit einer Küchenmaschine zerkleinert werden, damit die Matrizen nicht verstopfen.

Nudeln müssen, wenn sie in den Verkehr gebracht werden, eine einwandfreie Qualität aufweisen und auch den mikrobiologischen Anforderungen entsprechen. Industriell hergestellte Pulver zur Farb- und Geschmacksgebung sind in dieser Hinsicht bedenkenlos, weil meist eine Trocknung bei Wärmebehandlung gegeben ist. Lediglich eine falsche Lagerung kann die Ware negativ beeinträchtigen. Bei Lebensmitteln aus dem eigenen Garten, die zur Lufttrocknung bestimmt sind, muss diesbezüglich schon mehr Acht gegeben werden, damit der Keimgehalt nicht überhöht ist.

Bei meinen Recherchen unter den Direktvermarktern stellte ich fest, dass vor allem Spinat- und Tomatenpulver verwendet werden. Eine Mischung aus diesen roten und grünen Zutaten mit den ungefärbten Nudeln werden als bunte Nudeln im Verkauf angeboten. Ebenso zum Einsatz kommen Steinpilz- und Paprikapulver. Die Palette reicht aber viel weiter. Auf der Homepage der Firma SELA (siehe Adressen im Anhang) geht das Angebot von A wie Anis bis Z für Zwiebelpulver. In welchem Umfang diese Zutaten beigemengt werden, hängt vom eigenen Ermessen und Probieren bzw. von den Rezepten der Verkaufsfirmen ab. Sie müssen aber beachten, dass nicht jedes Pulver verwendet werden darf. So ist zum Beispiel Curcuma in Österreich als gelbfärbende Zutat laut Lebensmittelcodex bei Teig- und Eierteigwaren verboten.

Die in der Praxis verwendeten Massen reichen von 30–90 g Pulver/kg Grieß. Zur Farbgebung genügt sicher die Zugabe im unteren Bereich. Die Praxis hat aber gezeigt, dass bunte Nudeln bei längerer Lagerung im Licht weniger an Farbe verloren haben, wenn höhere Mengen an Pulver beigemischt wurden. Und auch nach dem Kochen wirkten die Farben kräftiger und damit fürs Auge ansprechender.

Frische Produkte zur Farb- und Geschmacksgebung

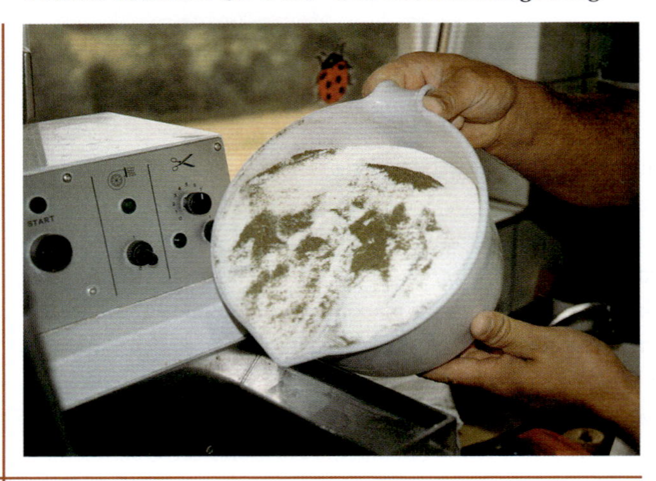

Getrocknete, fein zerkleinerte Kräuter im Mehl

Kräuternudeln

Frische Produkte mit entsprechender Zerkleinerung werden der Eimasse bzw. dem Trinkwasser zugesetzt. Die gleichmäßige Verteilung gilt auch hier als notwendige Voraussetzung (zum Beispiel mittels Mixstab, Schneebesen oder Küchenmaschine). Die gefärbte Flüssigkeit wird anschließend dem Grieß unter ständigem Rühren langsam zugesetzt und so lange gemischt und geknetet, bis der Teig ein gleichmäßiges Erscheinungsbild aufweist.

Die Verarbeitung von frischen Produkten zur Farb- und Geschmacksgebung bringt mehrere Vorteile mit sich. Die Kundennähe wird betont, da beim Verkaufsgespräch die Verwendung von frischen Zutaten herausgestrichen wird. Damit heben Sie sich auf jeden Fall von der industriellen Ware ab. Ein intensiveres geschmackliches Erlebnis resultiert ebenso daraus. Diesen

Vorteilen steht zwar ein höherer Arbeitsaufwand gegenüber, der dennoch einen höheren Nudelpreis rechtfertigt. Berücksichtigt werden muss auch, dass Kräutermischungen vom eigenen Garten nicht immer gleich schmecken, speziell dann, wenn die Mischungsanteile nur über den Daumen bestimmt werden. Solche Nudeln sind nur für manche Kunden interessant, andere mögen aber den gleich bleibenden Geschmack.

Wichtig ist auch die feine Zerkleinerung der frischen Ware, damit die Matrize nicht verstopft, wobei Bandnudeln weniger anfällig als zum Beispiel Radiatori sind. Küchenmaschine, Fleischwolf, Kaffeemühle oder Mixstab leisten gute Dienste, um dieser Anforderung nachzukommen. Auch hier gilt wieder, dass auch die frischen Zutaten in mikrobiologischer Hinsicht den gesetzlichen Anforderungen entsprechen müssen. Dafür sollten Sie die Pflanzenteile nicht an stark befahrenen Straßen sammeln und vor der Verwendung jedenfalls mit Trinkwasser säubern. Eine Untersuchung der Nudeln im Labor schafft die Sicherheit auf Unbedenklichkeit.

Herstellungsvorschläge für aromatisierte Nudeln

Die nachstehenden Angaben wurden mir von den Nudelherstellern mitgeteilt. Sie dienen als Orientierung und können den eigenen Vorstellungen angepasst werden. Natürlich gelten auch andere Zutaten, die hier nicht erwähnt werden, als Kandidaten zum Ausprobieren. In der Praxis finden folgende Rezepte Verwendung:

Tomatenmark: Im Lebensmittelhandel kann es in der Tube erworben werden. Tomatenmark findet anstelle von Tomatenpulver Verwendung. 50 g/kg Grieß werden der Flüssigkeit (Ei und/oder Trinkwasser) zugegeben, gut vermischt und so zur Teigbereitung für rote Nudeln herangezogen.

Rote Pfefferoni: Auch als Chili bekannt, welches in Pulverform im Lebensmittelhandel erhältlich ist. Durch die entsprechende Auswahl kann die Schärfe der Nudeln gesteuert werden. Mit 30 g Pulver pro kg Grieß ergibt sich eine orange Farbe. Für die Verwendung im frischen Zustand ist die feine Zerkleinerung dieser Paprikaart notwendig.

Spinatblätter, frisch: Ob frisch aus dem eigenen Garten oder vom Markt, sie müssen den hygienischen Anforderungen gerecht werden und sollten vor der Verwendung jedenfalls mit Trinkwasser gewaschen werden. Das ganze Jahr über sind sie als Tiefkühlware erhältlich. Ebenso gilt, dass die Blätter fein zerkleinert werden müssen, damit sie keine Verstopfung der Nudelmaschine verursachen. 40 g/kg Grieß werden von einem Direktvermarkter verwendet.

Spinat, passiert: 150 g/kg Grieß gelten als Richtwert. Sie sollten aber keinen Cremespinat verwenden, weil die Nudeln durch das zugesetzte Fett leicht ranzig werden.

Steinpilz-, Chili-, Spinat- und gelbe Nudeln

Passierter Spinat ist als Tiefkühlware in Kaufhäusern erhältlich.

Spinatblätter, getrocknet: Die Spinatblätter müssen fein zerkleinert werden, damit es zu keiner Verstopfung der Matrizen kommt. In den Bandnudeln sind Spinatflecken sichtbar. 25 g/kg Grieß werden von einem Nudelproduzenten eingesetzt.

Kürbiskerne, getrocknet: Vor ihrer Verwendung müssen sie fein vermahlen werden. Die Haltbarkeit der Nudeln ist aber eingeschränkt, weil Fette der Kürbiskerne in das Produkt gelangen, die bei unsachgemäßer Lagerung leicht ranzig werden können. Von den getrockneten Kürbiskernen werden 100 g/kg Grieß benötigt.

Die Zugabe von einigen EL Kürbiskernöl soll den Geschmack intensivieren. Als Annäherung gelten 2–3 EL Kürbiskernöl mit 40 g fein gehackten trockenen Kürbiskernen pro kg Grieß. Von einem Betrieb wurde mir mitgeteilt, dass es bei der Trocknung Schwierigkeiten gegeben hat und daher auf die Zugabe des Öls verzichtet wurde.

Kürbiskerne, breiartig: Fein gemahlene, frisch geröstete Kürbiskerne aus der Ölmühle haben vor dem Pressen eine breiartige Konsistenz und einen guten, ausgeprägten Geschmack. 200 g dieser breiartigen Kürbiskerne werden pro kg Grieß verwendet.

Basilikum: Frische Blätter können saisonal im eigenen Kräutergarten geerntet oder als konservierte Ware ganzjährig zur Nudelherstellung herangezogen werden. Sie werden faschiert und kommen mit 40 g/kg Grieß zum Einsatz.

Petersilie: Für Petersilie gilt wie fürs Basilikum die Zerkleinerung durch Faschieren. Die Zugabe mit 40 g/kg Grieß ist ebenso gleich.

Schnittlauch: Er wird fein gehackt, weil er beim Faschieren zu faserig bleibt. Die 40 g/kg Grieß geben Sie entweder frisch oder als Tiefkühlware dazu. Allen grün gefärbten Nudeln lastet die Verfärbbarkeit an. So kommt es mit der Zeit bei einer Lagerung im Licht zur Umwandlung des grünen Farbstoffes in einen grauen.

Bärlauch, frisch: Frischen Bärlauch können Sie selbst im Frühjahr in feuchten, humusreichen Laubwäldern sammeln. Die Blätter sehen jenen der Maiglöckchen, die auch etwa zur gleichen Zeit wachsen, sehr ähnlich, die aber ein Gift beinhalten. Sie sollten daher nicht verwechselt werden, wobei der einfachste Test das Reiben der Blätter zwischen den Fingern ist. Bärlauch riecht nach Knoblauch. Die Blätter werden faschiert und eine Masse von 40 g/kg Grieß dazugemischt.

Oliven, schwarz: Sie sind im Einzelhandel das ganze Jahr über in konservierter Form erhältlich. Die Oliven werden fein zerstückelt und leicht angetrocknet. Mit dieser Art der Zerkleinerung sind dunkle Flecken sichtbar, ohne die Nudel selbst stark dunkel zu färben. Mit den feinen Stücken steigt auch die Verstopfungsgefahr der Matrize, wobei Bandnudeln am wenigsten anfällig sind. 25 g schwarze Oliven/kg Grieß wurden mir als Rezept mitgeteilt.

Knoblauch, frisch: Die Knoblauchzehen werden geschält und faschiert. 40 g/kg Grieß verleihen den getrockneten Nudeln ein Aroma, welches mit industriellem Knoblauchpulver kaum erreicht wird.

Zitronensaft: Zitronen werden frisch gepresst und der Saft in einem Volumen von 1/8 l/kg Grieß dazugegeben. Verwendung finden derart verfeinerte Nudeln als Süßspeise, für leichte Käsesaucen und als Beilage bei Fisch und Krustentieren.

Rotwein (wie z. B. Zweigelt): Tiefroter Zweigelt verleiht den Nudeln eine entsprechende Farbe. 1/4 l Wein/kg Grieß reichen für eine satte Färbung. Getrocknete Nudeln verlieren beim Kochen an Farbe. Damit sie nicht zu stark ausbleichen, wird zum Kochwasser 1/8 l Zweigelt gegeben. Bei frischen Nudeln ist das nicht erforderlich, weil die Kochzeit entsprechend kurz (2–3 Minuten) ist.

Lachs: Geschnetzeltes, feines Lachsfleisch, das kurz überbrüht wurde, hat zwar einen guten Geschmack, aber wenig Farbe. Eine intensivere Farbe ergibt sich mit einer geräucherten Lachsforelle, die entsprechend zerkleinert wird.

Tintenfischpaste: Sepianudeln (Tintenfisch = Sepia) sind schwarz gefärbt und passen aufgrund ihres Fischgeschmackes hervorragend zu Fischgerichten. Die Paste ist bei Vertretern von Nudelmaschinen, Feinkostläden oder über Internetbestellung erhältlich.

Mohnkörner: Sind im Lebensmittelhandel erhältlich und werden vor ihrer Verwendung fein vermahlen. Mit dem Mohn werden in den Nudeln Fette mitverarbeitet, die leicht ranzig werden können und somit die Haltbarkeit einschränken. Für einen kg Grieß werden 40 g Mohnkörner vorgeschlagen und ein Esslöffel Honig soll den Nudelgeschmack zusätzlich verfeinern. Mohnnudeln gehören zu den süßen Nudeln und werden mit Milch verkocht. Sie werden mit einer Vanillesauce serviert.

Zimt: Zimt wird ebenso wie Kakao oder Mohn für die Zubereitung von süßen Nudeln herangezogen. Pulverförmig ist er im Einzelhandel erhältlich und wird mit 40 g einem kg Grieß zugemischt. Verkochen können Sie die braunen, aromatisch duftenden Zimtnudeln in Milch, wobei die Nudeln relativ viel Flüssigkeit aufnehmen und die Milch nach dem Abseihen für eine Vanillesauce zur Verfügung steht.

Kakao: Für Personen mit süßen Vorlieben stellt die Kakaonudel eine gute Serviermöglichkeit dar. 40 g Kakaopulver werden für 1 kg Grieß benötigt, damit die Farbe schön dunkelbraun wird. Verkocht werden diese Nudeln in Milch, wobei nach dem Kochen die restliche Milch zur Puddingbereitung herangezogen werden kann.

Kuvertüre: Sie wird für die Herstellung von Schokonudeln verwendet. Als Zutat kommt die Kuvertüre (zartbitter) im geschmolzenen Zustand zum Einsatz und wird noch ein wenig mit Zucker und Kakaopulver versehen. Letzteres verursacht eine dunklere Farbe. Schokonudeln sollen wenn möglich keinen zu großen Temperaturschwankungen unterliegen, weil sie sonst fleckig werden. Gekocht werden sie in Zuckerwasser, Trinkwasser oder Milch.

Die angeführten Zutaten und Rezepte sind Vorschläge. Beim Umsetzen der eigenen Vorstellungen ist es ratsam, die notwendigen Dosen in kleinen Nudelchargen auszuprobieren, damit nicht zu viel verworfen werden muss, falls die Herstellung nicht gelingt oder der Geschmack nicht entspricht. Beachten müssen Sie, dass flüssige Zutaten zur Geschmacks- und Farbänderung eine geringere Menge der Ei- bzw. Wasserzugabe nach sich ziehen, damit der Teig nicht zu flüssig wird.

Nudelformen

Bei elektrischen Nudelmaschinen werden die Zutaten in der Mischwanne gemischt. Durch einfaches Umschalten der Drehrichtung der Schneckenwelle wird der Pressvorgang durch den Presskanal und die Matrize eingeleitet. Der gleichmäßig feuchte Teig erhält durch die Matrize seine Form. Bevor diese mit einem Befestigungsring am Presskanal angeschraubt wird, muss sie mit Wasser und Bürste gereinigt werden.

Der formgebende Bestandteil der Messingmatrize besteht entweder aus Messing oder Teflon (weiße Farbe). Der Tefloneinsatz hat den Vorteil, dass die Nudelfarbe besser zur Geltung kommt. Getrocknete Nudeln mit Messingmatrizen wirken heller, bleicher. Dieser Unterschied kommt durch eine rauere Oberfläche zustande, die wiederum den Vorteil hat, dass

mehr Soße an ihr haften bleibt. Im gekochten Zustand gibt es wieder einen Farbengleichstand.

Für eine gute Nudelqualität ist die Betriebstemperatur der Matrize entscheidend. Der Teig sollte aber nicht mehr als 50 °C erreichen, weil für die Formgebung das Weizeneiweiß in einer vernetzten Struktur verantwortlich ist. Ein Probelauf zu Beginn der Nudelproduktion bewirkt die Temperaturanpassung der Matrize oder auch das Einlegen in warmes Trinkwasser kurz vor der Montage. In der Matrize befinden sich immer Teigreste von der vorangegangenen Produktion. Mit dem Probelauf werden die ersten Nudeln aufgefangen und verworfen.

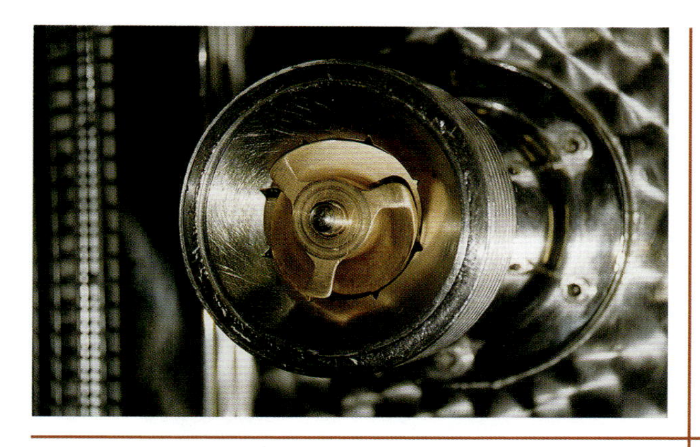

Presskanal ohne aufgeschraubte Matrize

Falls Sie die Erfahrung gemacht haben, dass beim Grieß ab und zu größere Klumpen dabei sind, dann kann als vorbeugende Maßnahme gegen ein Verstopfen der Matrize händisch gesiebt werden. Ebenso empfiehlt sich ein homogenes Mischen von Eiklar und Eidotter mit einem Schneebesen oder Mixstab vor der langsamen Zugabe zum Getreidemahlprodukt in der Mischwanne, wodurch ein Absetzen eventuell enthaltener Eierschalenstücke leichter

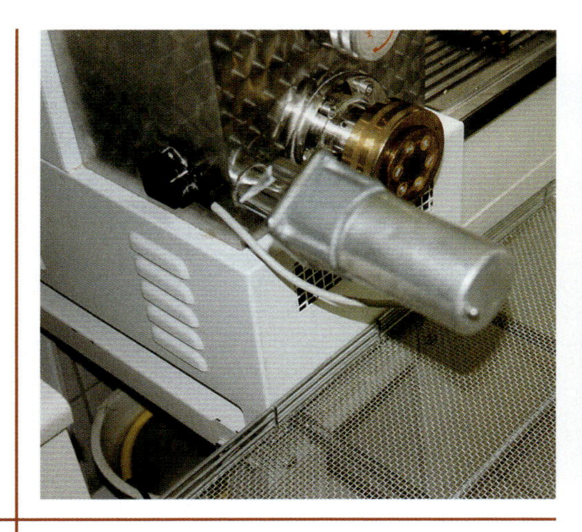

Montierte Matrize

Verschiedene Matrizen und Messer

Grieß sieben

möglich wird. Bei entsprechender Vorsicht während der Eizugabe gelangen diese Teile nicht in den Teig und führen damit nicht zu unförmigen Nudeln. Es gibt auch die Möglichkeit, einen Siebeinsatz vor der Matrize zu montieren, der zwar alle gröberen Stücke zurückhält, aber auch eine geringere Pressleistung verursacht.

Ein Verstopfen der Matrize bringt logischerweise durch die Reinigungsarbeiten eine Zeitverzögerung in der Produktion mit sich. Es gilt daher für sich selbst abzuschätzen, ob ohne, wodurch ein rascheres Pressen möglich ist, oder mit Sieb gearbeitet wird. Letztere Variante bietet sich bei einer mengenmäßig größeren Nudelherstellung an, wo der Teig in einer separaten Knetmaschine vorbereitet wird und zwei Nudelmaschinen gespeist werden, damit es zu keinen Verstopfungen kommt und daher auf beide Maschinen die Arbeitsschritte abgestimmt werden.

Von den vielen verschiedenen Matrizen, die bei Nudelmaschinenfirmen erhältlich sind, möchte ich hier nur die bekanntesten aufzählen:

Spaghetti: Zur Produktion langer Fadennudeln besteht die Möglichkeit, mit unterschiedlich großen runden Durchmessern zu arbeiten. Diese beginnen bei 0,6 mm und enden mit 4 mm. Nudeln aus den kleinsten Querschnitten gelten als Suppennudeln. Es gibt auch Matrizen zur Formung von Fadennudeln mit ovalem oder quadratischem Querschnitt.

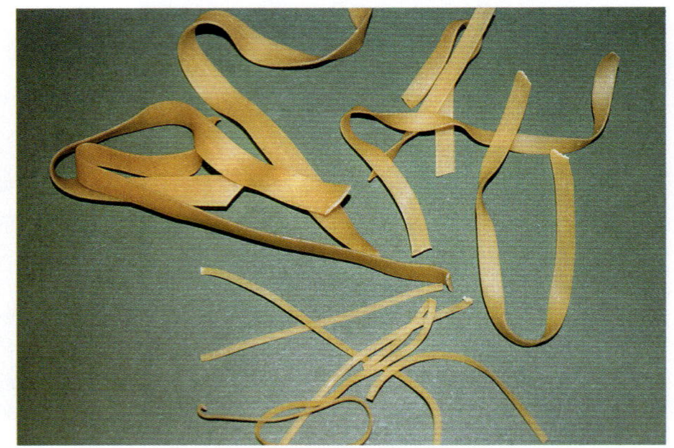

Bandnudeln unterschiedlicher Breite

Tagliatelle: Als lang ausgeformte Nudeln werden sie auch als Bandnudeln oder breite Nudeln bezeichnet. Bei gleich bleibender Stärke sind unterschiedliche Breiten von 1,8 mm bis 25 mm möglich. Sehr schmale Bandnudeln heißen „Trenette" und sehr breite „Parpadelle".

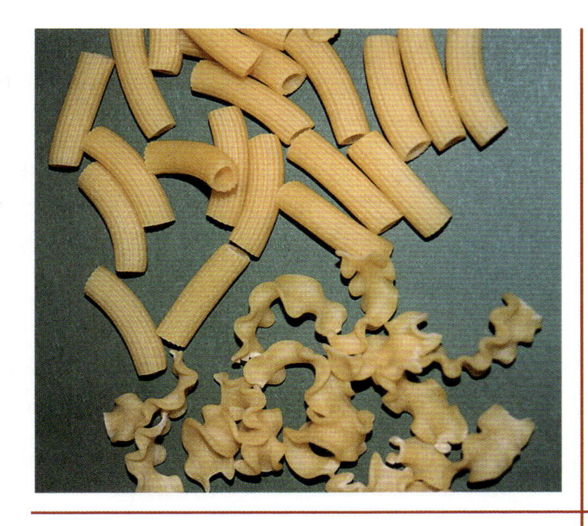

Bandnudeln mit gewelltem Rand und Rigatoni

Lasagne: Mit einer Flachteigmatrize werden rechteckige, breite Teigblätter erzeugt. Die Breite hängt vom Maschinentyp ab. Sie werden händisch entsprechend abgelängt und somit individuell gestaltet. Es besteht auch bei manchen Nudelmaschinen die Möglichkeit, die Teigblätter auf einen Zylinder aufzurollen und sie dann für die Ravioliproduktion heranzuziehen.

Maccheroni: Die Matrize formt den Teig zu einer Hohl- bzw. Röhrennudel, die so lang wie Spaghetti sein kann. Variationsmöglichkeiten gibt es bei Makkaroni durch unterschiedlich große Durchmesser und die Oberflächengestaltung. Letztere kann glatt, gerillt oder gedreht sein. Von der Bezeichnung her werden gerillte Hohlnudeln auch „Rigatoni" und Röhren mit schräg abgeschnittenen Enden „Penne" genannt, die aber kurze Nudeln sind.

Campanelle: Eine tütenförmig zusammengedrehte Nudel mit gewelltem Rand, die an ein Glöckchen erinnert.

Trottole: Diese Nudeln sind vergleichbar mit Glöckchennudeln ohne gewellten Rand, die kreiselartig geformt sind.

Trottole und Campanelle

Curvi sind kurze, gebogene Hohlnudeln, die auch als Hörnchen bekannt sind. Die Oberfläche kann glatt oder gerillt

Conchiglie und Fleckerl

gefertigt sein und die Nudel selbst gibt es in verschiedenen Größen durch einen unterschiedlichen Durchmesser.

Conchiglie: Muschelnudel, die mit einer glatten oder gerillten Oberfläche in verschiedenen Größen produziert wird.

Fleckerl sind mit sehr kurz geschnittenen breiten Bandnudeln vergleichbar, die rechteckig geformte Nudelstücke darstellen, die nicht plan, sondern leicht gebogen sind.

Fusilli sind spiralförmige Nudeln, die aus der Idee, Spaghetti auf Stricknadeln zu wickeln, entstanden sind. Spiralen bzw. Spirelli gibt es mit unterschiedlich großen Durchmessern.

Farfalle: Diese Nudelform verdankt ihren Namen dem Aussehen, das an Schmetterlinge erinnert.

Radiatori sind vom Aussehen her kurze eingerollte Nudeln mit gewellten Stegen an der Oberfläche, die einem Radiator ähnlich schauen. Diese begehrte Nudel hat den Vorteil, dass die Sauce sehr gut in und an der Nudel haftet. In der Praxis gelten auch Synonyme wie Sputnik oder Rilli.

Logo-Matrizen: Weihnachtsmotive, Tiere, Weintrauben, Banken- oder Firmenlogos und andere Formen eignen sich für Werbegeschenke von Firmen oder sind Attraktionen bei saisonalen Veranstaltungen.

Ravioli: Teigtaschen, die traditionell eine Füllung aus Spinat, Ricotta, Kräutern und Fleisch beinhalten. Sie sind vergleichbar mit Maultaschen oder Kärntner Kasnudeln. Tortellini werden als ringförmige Teigtaschen hergestellt.

Mit der Logo-Matrize lassen sich die verschiedensten Motive herstellen

Nudellänge

Das Ablängen der Nudeln ist bei einigen Nudelformen notwendig. Unterschiedliche Längen bei ein und derselben Matrize ermöglichen die Erweiterung des Sortiments. Somit können Sie neben den unterschiedlichen Hauptzutaten (Hartweizen, Weichweizen, Dinkel, Buchweizen, usw.), den verschiedenen Farb- und Geschmacksgebern (Tomaten, Spinat, Bärlauch usw.), den Nudelformen durch eine Vielzahl von Matrizen sowie auch mit der Nudellänge variieren.

Abschneidevorrichtung bei Hörnchenerzeugung

Mit einer schwenkbaren Abschneidevorrichtung, die die austretende Nudel unmittelbar an der Matrizenoberfläche abschneidet, wird die Nudellänge bestimmt. Die Drehgeschwindigkeit ist stufenlos regulierbar und das Angebot von ein- bis vierflügeligen Messern ermöglicht die Fertigung von der Langware bis zu Suppeneinlagen. Ein einflügeliges Messer kommt bei kurzen Suppen- und Bandnudeln oder auch bei der Herstellung von Spiralen zum Einsatz. Zwei Flügel werden für Hörnchen und Fleckerl benötigt und ein vierflügeliges Messer ermöglicht die Herstellung von Suppeneinlagen. Eine Einteilung nach der Nudellänge ist in der folgenden Tabelle zu sehen.

Einteilung der Nudellänge

Nudellänge	Beispiele
Langware	Spaghetti, Bandnudeln, Makkaroni in langer Form
Kurzware	Spiralen, Hörnchen, Radiatori, kurze Bandnudeln usw.
Suppeneinlage	Buchstaben, Sternchen, u. a. ganz kurze Nudeln

Durch die Variation des Messereinsatzes kann mit der „Hörnchenmatrize“ bei entsprechender Geschwindigkeit der Abschneidevorrichtung eine ringförmige Suppeneinlage hergestellt werden. Auch mit kurz geschnittenen Spiralen und Spaghetti lassen sich eigentümliche Nudeln produzieren. Umgekehrt ergibt sich ein gewelltes, knäuelartiges Produkt, wenn die Nudel für die Fleckerlerzeugung nicht so rasch von der Formgebung getrennt wird.

Haltbarmachen der Nudeln

Haltbarmachen der Nudeln

Wie schon in der Einleitung erwähnt, wurden Nudeln schon von den Arabern luftgetrocknet, damit sie längere Transportwege überstanden, ohne zu verderben. Durch die Urbanisierung und Industrialisierung wurde die Konservierung von Lebensmitteln immer mehr notwendig, damit eine längere Lagerzeit möglich wurde. Bei Nudeln steht an erster Stelle die Trocknung. Aber auch Tiefgefrieren und Verpacken unter Schutzgas bieten sich als Alternativen an.

Haltbarmachen von Nudeln

Art der Konservierung	Technik	Haltbarkeitsdauer
Trocknung	Wasserentzug	bis zu 1 Jahr
Kühlraum bzw. -schrank	Temperaturabsenkung auf 4 °C	2 Tage
Tiefgefrieren	Temperaturabsenkung auf –18 °C	6 Monate
Schutzgas, gekühlt	Austausch der Luft gegen Schutzgas	4 Wochen

Haltbarmachen durch Trocknung

Laut Österreichischem Lebensmittelbuch darf für die Haltbarkeit getrockneter Nudeln der Wassergehalt nicht mehr als 13 % betragen. Auch in den Leitsätzen für Teigwaren, die in Deutschland gültig sind, wird dieser Prozentsatz angeführt. Für frische Nudeln geltende Vorschriften sind ebenfalls in diesen beiden Schriftstücken niedergeschrieben, die im Anhang nachgelesen werden können.

Um das Ziel der einwandfreien Trocknung der geformten Frischnudeln zu erreichen, müssen mehrere Parameter berücksichtigt werden. Prinzipiell gilt, dass die Feuchtigkeit auch vom Kern der Nudel an die Oberfläche diffundieren muss. Feuchtigkeit kann von den Nudeln nur abgegeben werden, wenn in der angrenzenden Umgebung eine geringere relative Luftfeuchtigkeit herrscht als an der Nudeloberfläche. Je höher die Differenz, umso rascher erfolgt die Wasserabgabe. Liegen Frischnudeln zwei Tage lang bei zu hoher relativer Luftfeuchte (85 %) auf den Horden im Raum, dann werden sie sauer oder verschimmeln. Die Luft-

trocknung erfolgt rascher, wenn eine Temperatur im Bereich von 20–30 °C herrscht. Sie darf aber auch auf Dauer nicht zu hoch sein, weil es sonst durch eine zu rasche oberflächliche Abtrocknung zu einer schlechten Austrocknung des Nudelkernes kommt. Folglich gilt auch, dass der Hordenwagen niemals in unmittelbarer Nähe einer Wärmequelle (Ofen, Heizkörper, Radiator) stehen darf. Für eine zügige Trocknung muss ständig Luftbewegung im Raum herrschen und auch die Abfuhr der feuchten Luft aus dem Raum gilt als Grundvoraussetzung. Wird die Luftbewegung künstlich mit einem Standventilator erzeugt, dann richten Sie diesen in nächster Nähe nicht direkt auf die Nudelhorde, weil sonst die Gefahr einer zu raschen oberflächlichen Trocknung und die damit verbundene Rissbildung zunimmt.

Der Trocknungsvorgang selbst soll ermöglichen, dass die Feuchtigkeit vom Kern der Nudel nach außen diffundieren kann.

Kriterien der Lufttrocknung	
Raumtemperatur	Luftbewegung
Relative Luftfeuchte	Abfuhr feuchter Luft

Wichtige Voraussetzungen der Lufttrocknung

Leistungsstärkere elektrische Nudelmaschinen sind mit einem Gebläse ausgestattet. Dieses sorgt für ein erstes oberflächliches Trocknen der Nudeln, wenn sie aus der Matrize kommen, noch bevor sie auf die Nudelhorde gelangen. Die Frischware fällt dann auf die Horde und verklebt nicht so leicht. Die Horde besteht aus Kombinationen von Kunststoff, Metall und/oder Holz. Auf der Horde bildet sich ein Nudelhaufen, der gleichmäßig verteilt werden muss, damit die Bildung von Nestern, die langsamer trocknen, vermieden wird. Um eine gleich starke Beschickung zu erlangen, bietet

Nudelmaschine mit Gebläse für die erste Trocknung

sich das Abwägen der Horden an, wodurch für ein optimales Trocknen die erste gute Voraussetzung geschaffen wird. Die fertig beschickten Horden werden dann im Hordenwagen gestapelt.

Wie wird die Trocknung überprüft?

Ein fertig getrocknetes Produkt kann auf seine Feuchtigkeit mittels Messgerät überprüft werden. Einfacher erfolgt die Probe durch das Brechen von Nudeln, was knackend, rasch und mit einer geraden Bruchfläche ablaufen sollte. Wirkt das Abbiegen zäh, so ist die Nudel noch nicht durch und durch trocken. Optisch kann das überprüft werden, indem der Querschnitt der Bruchstelle im Kern eine dunklere Farbe aufweist. Ist eine durchgehende einheitliche Farbe ersichtlich, so konnte auch die Feuchte von Innen durch Diffusion an die Oberfläche gelangen und abgegeben werden. Sehr erfahrene Nudelhersteller erkennen die fertig getrocknete Ware auch am Klang, wenn sie auf der Horde händisch gerührt wird und zum Beispiel die Hörnchen aufeinander treffen. Ein Thermometer und ein Hygrometer (ein Messgerät für die relative Luftfeuchtigkeit) helfen die Vorgänge im Trockenraum zu verfolgen.

Einwandfrei getrocknete Nudeln aus Grieß bzw. Mehl halten zumindest 1 Jahr lang, wenn die Lagerbedingungen entsprechen (siehe hierzu Kapitel Lagerung von Nudeln, Seite 75). Einschränkungen gibt es bei Vollkornteigwaren und Nudeln mit Zutaten, die Fett beinhalten. Diese werden trotz Verpackung ranzig, wenn Temperatur und Licht die Haltbarkeit beeinflussen können.

Unterschiedliche Trocknungsverfahren

In weiterer Folge sind unterschiedliche Varianten der Lufttrocknung aufgezählt, die aus der Praxis stammen. Jeder musste dabei seine eigenen Erfahrungen sammeln, weil auch örtliche Gegebenheiten einen großen Einfluss auf den Trocknungserfolg ausüben. So müssen die Unterschiede der Jahreszeit (Sommer – Winter), Regen oder Sonnenschein, Süd- oder Nordseite, verputzte Wände oder Paneele, Keller oder Obergeschoß für den Trocknungsraum an Ort und Stelle getestet werden, um die individuelle Optimallösung zu finden.

Variante 1

Am Hordenwagen befinden sich die Hörnchen ganz oben, weil sie beim Lufttrocknen empfindlicher sind als Bandnudeln, die unten eingeschlichtet werden. Der Hordenboden wird mit den Hörnchen mit einer Lage bedeckt und nicht mehr. Der Trocknungsraum liegt an der Gebäudesüdseite und für die notwendige Luftbewegung sorgen ein Lüftungsschacht und die

offene Tür zum Verarbeitungsraum. Im Winter wird geheizt, um die gewünschte Raumtemperatur zu erreichen. Im Sommer steht das Fenster tagsüber offen, falls es nicht regnet oder die Luftfeuchte zu hoch ist, in der Nacht ist das Fenster geschlossen. Die Nudeln benötigen 5–6 Tage zum Trocknen, wobei am Nachmittag des Herstellungstages die Nudeln drei Mal händisch aufgelockert werden. In den folgenden 4–5 Tagen wird diese Auflockerungsarbeit 3–4 Mal pro Tag praktiziert.

Variante 2

Die Nudeln werden innerhalb von 3–4 Tagen an der Luft getrocknet. Im Winter sorgt eine Heizung für die entsprechende Raumtemperatur. Damit die Feuchtigkeit aus dem Raum entweichen kann, werden die Fenster geöffnet. Im Sommer erfolgt von Ende Juni bis Anfang September keine Produktion, da die relative Luftfeuchtigkeit wegen des dicken und alten Mauerwerkes zu hoch ist. Zur einwandfreien Trocknung dürfen die Nudeln auf der Horde nicht zu eng aneinander liegen. Hörnchen sollten nicht zu rasch trocknen, weshalb sie zwischendurch mit einem Zerstäuber befeuchtet werden. Vorsicht: Die Schimmelgefahr bei zuviel Feuchtigkeit steigt! Die Nudeln werden während des Trocknungsvorganges ein Mal aufgelockert. Diese Arbeit muss mit Einfühlsamkeit und Erfahrung erledigt werden, damit lange Band- und Suppennudeln nicht zu oft brechen.

Analyse

In beiden Betrieben erfolgte die Lufttrocknung ohne große technische Hilfe. Wichtig dabei ist das nicht zu dichte Auflegen der Nudeln auf der Horde und das Wenden und Lockern während des Trocknungsvorganges. Die notwendige Luftbewegung kommt durch das Öffnen der Fenster im Verarbeitungsraum und in den angrenzenden Räumlichkeiten zustande.

Variante 3

Die gleichmäßig verteilten Nudeln auf der Horde werden in einem vorgewärmten elektrischen Brotbackofen (ca. 60 °C) 10–15 Minuten vorgetrocknet. In dieser Zeit werden die Nudeln 2 Mal hochgehoben und gewendet, um die Vortrocknung auch den unten liegenden Nudeln auf der Horde leichter zu ermöglichen. Bei dieser Tätigkeit spüren Sie bereits den Unterschied zwischen den angetrockneten und noch feuchten Nudeln. Anschließend werden die Horden im Hordenwagen gestapelt und 1–2 Tage bei gutem Luftzug im Raum stehen gelassen. Der Brotbackofen darf wirklich nur zur Vortrocknung verwendet werden,

Dinkelnudeln im Backofen zum Vortrocknen

damit die Nudeln durch zu raschen oberflächlichen Wasserentzug nicht spröde und rissig werden.

Zur Spaghettiherstellung werden die ca. 30 cm langen Nudeln über einen Metallstab gelegt. Die Trocknung erfolgt bei zugiger Luft etwa 2 Tage lang.

Analyse

Durch das Vorhandensein eines elektrischen Brotbackofens wird der gesamte Trocknungsvorgang verkürzt. Unumgänglich ist aber sein vorsichtiger Einsatz.

Variante 4

Damit die Nudeln am Beginn der Trocknung nicht zu rasch Wasser verlieren, werden Kurzwaren vorher 2 Tage im Kühlraum bei einer relativen Luftfeuchtigkeit von 60 bis 70 % belassen. Erst danach erfolgt die zweite Stufe der Trocknung bei optimaler Raumtemperatur für weitere 2 Tage. Ein Stehventilator und ein Lüftungsschacht im Raum sorgen für die not-

Trocknung als Spaghettinester

wendige Luftumwälzung bzw. Abfuhr der feuchten Luft. Bandnudeln und Radiatori kommen nicht in den Kühlraum und stehen für 3 Tage bei entsprechender Luftumwälzung im Raum.

Spaghetti werden als Nester gefertigt und liegen dicht beisammen. Sie kommen zuerst 2 Tage in den Kühlraum und trocknen weitere 3 Tage bei entsprechender Raumtemperatur und Luftbewegung.

Analyse

Bei dieser Variante müssen Sie bedenken, dass der Kühlraum auch seine Errichtungs- und Betriebskosten fordert. Es zahlt sich sicher nicht aus, extra für die Nudeltrocknung einen solchen zu bauen, vielmehr kann ein bestehender genutzt werden. Dieser Betrieb stellte während der Recherchen für dieses Buch seine Trocknungstechnik um. Der Gebrauch des Kühlraumes für das anfänglich langsame Trocknen wurde gestrichen. Stattdessen werden die Horden in den ersten 24 Stunden mit einem Tuch abgedeckt und dann weitere 2 Tage, Kurzware wenn nötig 3 Tage, im Raum mit entsprechender Temperatur und Luftbewegung ohne Abdeckung getrocknet.

Variante 5

Die Trocknung dauert 5–7 Tage. In den ersten 3 Tagen unterstützt ein Entfeuchtungsgerät bei geschlossenem Raum den Trocknungsvorgang. Die restliche Trocknung erfolgt bei offenem Fenster und Lüftungsschacht. Ein Standventilator schafft Abhilfe bei einer zu geringen Luftbewegung. Die Nudeln dürfen nicht zu dicht auf der Horde liegen und werden nach dem ersten Tag gewendet.

Spaghettiherstellung

Spaghetti unterliegen keiner Sonderbehandlung bei der Trocknung und werden in U-Form auf der Horde aufgelegt. Damit dies auch mit einer Person gelingt, wird nur die Hälfte

Spaghettitrocknung auf einer Horde

der aus der Matrize austretenden Nudeln genommen und abgelängt. Um bei der kontinuierlich produzierenden Nudelmaschine überhaupt abwechselnd je eine Hälfte abnehmen zu können, muss am Beginn die allererste Hälfte mit der halben Länge abgetrennt und verworfen werden. Die Spaghettilänge richtet sich nach der Größe des Verpackungsbeutels. An der abgerissenen Stelle kleben die Nudeln durch den Fingerdruck zusammen, sodass ein leichter Schlag mit dem Ende auf die Horde zur Loslösung zweckmäßig erscheint. Die getrockneten Spaghetti kommen als Ganzes in die Verpackung, wobei eine exakte geradlinige Nudelausformung durch diese Art der Herstellung nicht gegeben ist.

Analyse

Diese Variante ist sehr aufwändig, weil sie, obwohl technische Trocknungshilfen eingesetzt werden, sehr lange dauert. Für diese Tatsache kann es mehrere Ursachen geben (zum Beispiel große Nudelmenge im Raum oder geringe Leistung des Entfeuchters). Letztlich gibt mir aber eine einwandfreie Ware Sicherheit für den Verkauf.

Variante 6

Nach der Produktion der gesamten gewünschten Nudelmenge an einem Vormittag steigt die relative Luftfeuchtigkeit im Herstellungsraum auf 80 % an. Nach 24 Stunden fällt sie auf 55–60 %, weil die ganze Zeit ein Luftentfeuchter bei geschlossenem Fenster arbeitet. Nach 3 Tagen, wenn die relative Luftfeuchtigkeit konstant auf 45 % bleibt, sind die Nudeln fertig getrocknet. Für eine bessere Luftumwälzung kann nebenbei auch ein Ventilator laufen und die Raumtemperatur wird im Winter durch die Heizung auf 23 °C gehalten.

Mit einem leistungsfähigeren Luftentfeuchter, dessen Betrieb und Laufzeit über die Messung der relativen Luftfeuchtigkeit gesteuert wird, konnte die Trocknungszeit verkürzt

Entfeuchter

Entfeuchter in einem Trocknungsraum

werden. In diesem Fall wurde am Gerät die entsprechende relative Luftfeuchtigkeit eingestellt und nach 2 Tagen konnte die trockene Ware abgepackt werden. Es wäre sogar eine noch kürzere Trocknungszeit laut Hersteller des Luftentfeuchters möglich. Trotz der rascheren Entfeuchtung muss den Nudeln die Zeit gegeben werden, dass auch das Wasser vom Kern nach außen wandern kann, um ein durchgehend trockenes Produkt zu erhalten.

Analyse

Der Verarbeitungsraum dient gleichzeitig als Trocknungsraum. Ein leistungsstärkeres Gerät ermöglicht die Verkürzung der Trocknungsdauer. Ein effizienterer Einsatz wäre mit einem eigenen Trocknungsraum möglich, sodass weniger Raumluft entfeuchtet werden muss. Durch den automatisch gesteuerten Luftentfeuchter ist auch kein händisches Wenden der angetrockneten Nudeln notwendig.

Variante 7

Die Trocknung in einem Trockenschrank läuft vollautomatisch ab. Für das Steuerungssystem ist dazu ein Feuchtigkeitsfühler notwendig, der in der obersten Horde zur Messung mit Nudeln bedeckt wird. Zunächst wird relativ rasch getrocknet, dann wieder leicht befeuchtet und schließlich langsam runtergetrocknet. Suppennudeln müssen nach 6 Stunden aufgelockert werden, damit sie nicht zusammenkleben, es ist daher von Vorteil, wenn diese Nudelart zum Schluss produziert wird, damit sie sich oben befindet. Hohle Nudeln (Hörnchen) benötigen 36 Stunden Trocknungszeit, alle anderen Formen (Spiralen, Bandnudeln, Suppennudeln) 24 Stunden.

Trockenschrank

Da die Horden sehr dicht gestapelt sind, soll bei der Beschickung des Trockenschrankes darauf geachtet werden, dass die Nudeln nicht länger als 4 Stunden ohne Belüftung stehen. Es empfiehlt sich daher, bereits während der Beschickung mit frisch gefertigten Nudeln zeitweise den Ventilator einzuschalten, damit die Nudeln nicht zusammenkleben. Werden nicht alle Horden mit Nudeln belegt, so müssen trotzdem alle in den Schrank gestapelt werden, damit es nicht zu unkontrollierten Wirbelbildungen während des Trocknungsvorganges kommt, was zu einer ungleichmäßig getrockneten Ware führt. Geschlossen wird der Schrank mit jenem Teil, der zuvor als Hordenwagen für die leeren Horden gedient hat. Der Trockenschrank ist auf Rädern montiert, sodass ein Standortwechsel jederzeit möglich ist.

Holzkasten mit Kunststoffröhren

Spaghetti, die aus der Matrize kommen, werden mit einem Messer entlang der Matrize abgeschnitten und über eine Kunststoffröhre gehängt. Mit einer Schere wird gleichmäßig abgelängt. Die Nudeln werden anschließend in einem Holz-

kasten, in dem mehrere Rohre nebeneinander eingehängt werden, zum Trocknen vorbereitet. Letztlich werden einige Kästen übereinander gestapelt. So bleiben die Nudeln ca. 6–8 Stunden im Raum stehen, werden in ebenso vielen Stunden mit einem feuchten Tuch zugedeckt und verbleiben dann noch etwa 2,5 Tage ohne Behandlung bis zur fertigen Trocknung (eine geringe Luftbewegung ohne Ventilator wird bewerkstelligt). Abgepackt werden die Nudeln mit der Gesamtlänge von etwa 40 cm, wobei 2 Arbeitskräfte erforderlich sind.

Der fahrbare Trocknungsschrank ist eine sehr platzsparende Trocknungsmöglichkeit. Die kurze Trocknungszeit mit automatischem Ablauf gewährt ein optimales Endprodukt.

Analyse

Variante 8

In den vollautomatischen Trockenschrank werden die Hordenwagen geschoben, wobei, falls nicht so viele Nudeln hergestellt werden, auch die leeren Horden hineingestellt werden müssen, damit eine gleichmäßige Trocknung möglich wird. Ein Heizaggregat hält die Temperatur konstant auf 40 °C. Ein Ventilator sorgt für die notwendige Luftbewegung und mit einem Hygrometer wird die relative Feuchtigkeit der Luft gemessen. Die feuchte Luft entweicht über ein Abluftrohr ins Freie. Nach 30 Stunden endet die Trocknung.

Auch bei den vollautomatischen Trocknungsvarianten gibt es Unterschiede bei Steuerung und Bedingungen. Gleich ist aber allen, dass durch ein vorangegangenes Programmieren alles auf Knopfdruck abläuft und so eine gute Qualität erzielt wird.

Analyse

Variante 9

Bei einer Trocknung mit kontrollierter Zu- und Abluft und Entfeuchter in einem Trockenraum aus Paneelen läuft alles vollautomatisch ab. Die Steuerung erfolgt über die Messung von Temperatur und relativer Luftfeuchte. Die Zuluft von außen wird nur dann in Anspruch

Trocknungsraum mit automatischer Steuerung

genommen, wenn sie nicht zu feucht und unter dem Wert im Trocknungsraum ist und somit auch zur Trocknung beiträgt. Im Trockenraum wird bei einer Temperatur von 28 °C gearbeitet und sie soll nicht über 32 °C steigen. Dahingehend gilt es zu berücksichtigen, dass die arbeitenden Geräte im Trockenraum Eigenwärme erzeugen, was eventuell im Sommer zum Problem werden könnte. Die Trocknung von hohlen Nudeln und Spaghetti dauert etwa 3–4 Tage, wobei der Trockenraum am ersten Tag auf 55 % relative Luftfeuchtigkeit programmiert ist und für den Rest der Zeit auf 40 %. Die übrigen Nudeln sind nach 3 Tagen getrocknet. Der Ventilator muss in Betrieb sein, damit die Nudeln auf der Horde nicht zusammenkleben und eine händische Lockerung nicht notwendig ist.

Analyse

Der technischen Ausstattung sind keine Grenzen gesetzt. Die Trocknungsdauer ist relativ lang im Gegensatz zu den beiden vorherigen Varianten, aber womöglich ist ein geringerer Energieeinsatz gegeben. Letztlich entscheiden die Notwendigkeit und Bedürfnisse über die Ausstattung des Betriebes.

Aus den einzelnen Varianten können Sie herauslesen, dass in jedem Betrieb eigene Bedingungen herrschen, die speziell bei einer Lufttrocknung ohne Trockenschrank bzw. -raum beachtet werden müssen. Das ständige Probieren bringt die nötige Erfahrung, um ein einwandfreies Produkt zu erhalten, das im Wege der Direktvermarktung mit gutem Gewissen verkauft werden kann.

Haltbarmachen durch gekühlten Zustand

Frische Nudeln sind im gekühlten Zustand (Kühlschrank, Kühlraum) etwa 2 Tage haltbar. Interessant ist diese Variante sowohl für Haushalt als auch Direktvermarktung. Für den Haushalt deswegen, weil nach der Herstellung größerer Nudelteigmengen diese auch in darauf folgenden Tagen verkocht werden können. In der Direktvermarktung bietet sich die gekühlte Ware zur Belieferung von Gasthäusern an. Die Portionierung der frischen Ware erfolgt problemlos und eine tägliche Anlieferung ist nicht notwendig. Außerdem haben Sie den Vorteil der kürzeren Kochzeit von frischen Nudeln, der in der Gastronomie nicht von der Hand zu weisen ist.

Haltbarmachen durch Tiefgefrieren

Ebenso wie im gekühlten Zustand wird beim Tiefgefrieren durch Temperaturabsenkung das Wachstum der Mikroorganismen und damit der Verderb der Lebensmittel verzögert. Durch die niedrige Temperatur (–18 °C und weniger) ist eine Haltbarkeit von zumindest 6 Monaten möglich. Die frischen Nudeln gehören vor dem Einfrieren unbedingt portioniert, damit nicht die gesamte Menge bei Bedarf aufgetaut werden muss, um dann womöglich wieder einen Teil einzufrieren. Das Wiedereinfrieren sollten Sie nicht praktizieren, weil die Keime durch die niedrigen Temperaturen nicht absterben und somit während des Auftauens die Möglichkeit zur Vermehrung vorfinden. Bedenklich wird es dann, wenn die Nudeln nach dem Auftauen noch stundenlang ohne Verwendung stehen bleiben. Eine Gefahr besteht also nur bei wirklich grober Fahrlässigkeit, weil die Ware zur Genusstauglichkeit vor dem Verzehr noch mehrere Minuten gekocht wird.

Haltbarmachen durch Schutzgas

Die Kombination aus Schutzgasfüllung und gekühltem Zustand ermöglicht das Aufbewahren der frischen Nudeln bis zu 4 Wochen. In einer Kunststofftasse werden die Nudeln abgewogen und danach mit einer Folie verschlossen. Vor dem luftdichten Verschließen wird die Luft durch Schutzgas ersetzt. Dieses setzt sich aus Kohlendioxid, welches Keime an ihrer

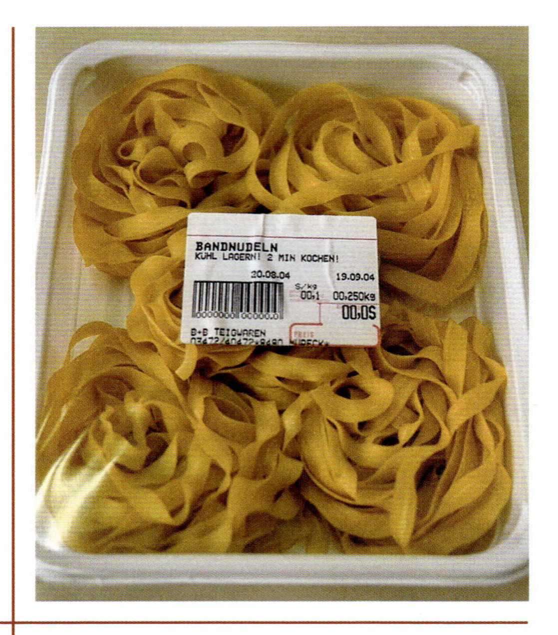

Frische Nudeln im Schutzgas

Vermehrung hindert, und Stickstoff zusammen. Beide Komponenten sind in der Luft vorhanden und daher natürlichen Ursprungs, lediglich die Konzentration liegt anders. Dieses Haltbarkeitsverfahren kennen wir aus der Fleischindustrie. Das Angenehme dabei ist, dass die Luft nicht durch Vakuumieren entfernt wird, sondern durch einen kontinuierlichen Austausch. Dadurch drückt es die Nudeln nicht zusammen, und sie können damit als Frischnudeln unproblematisch verkocht werden.

Reinigung der Geräte

Grundsätzlich gilt für Verarbeitungsräume, dass der Hygienestandard laut Gesetz für bauliche Maßnahmen eingehalten werden muss. Genauso wichtig sind auch Personal- und Prozesshygiene, die für die Produktion eines gesundheitlich unbedenklichen und sicheren Lebensmittels erforderlich sind. Eine bemerkenswerte Erleichterung bei der Reinigung der Räumlichkeiten bringt das Montieren aller Maschinen und Geräte auf kleinen Rädern mit sich, die auch um ihre vertikale Achse drehbar sind.

Die Reinigung der Nudelmaschine muss rasch nach dem Beenden der Produktion erfolgen, damit Teigreste nicht am Gerät antrocknen. Höchste Sauberkeit gilt als Grundvoraussetzung für die bedenkenlose Verwendung bei der nächsten Herstellungscharge. Je länger die Reste in der Maschine bleiben, umso mehr Zeit haben Keime für ihre Vermehrung und umso schwieriger wird ihre gründliche Beseitigung. Zur Reinigung wird die Nudelmaschine so weit wie möglich zerlegt, um auch schwer zugängliche Stellen zu erreichen. Zunächst die groben Teigreste entfernen und anschließend mit Wasser, das mit einem Reinigungsmittel versetzt wird, sauber putzen und mit Trinkwasser nachspülen. Alle gereinigten Behältnisse und Bestandteile sollen möglichst rasch trocknen. Eine Desinfektion kann von Zeit zu Zeit auch durchgeführt werden, ist aber nach einem gewissenhaften Hantieren mit einwandfreien Rohstoffen und bei sauberem Arbeiten nach jeder Benützung auch für die Direktvermarktung nicht erforderlich.

Die Matrize zunächst grob mit einem stumpfen Gegenstand (Holzspan oder -spachtel, Kunststoffspan usw.) von den Teigresten befreien und dann mit Bürste und Reinigungslösung waschen und mit Wasser nachspülen. Bei der groben Reinigung ist

Maschinenteile in zerlegtem Zustand

Matrizengrobreinigung

aber Vorsicht geboten, damit der Tefloneinsatz nicht beschädigt wird. Matrizen sollen nach dem Gebrauch ständig feucht gehalten werden, damit aus Teigresten nicht trockene, hartnäckige, kleine Klumpen entstehen, die auf der Matrize festkleben und unförmige Nudeln verursachen. Falls es dennoch zur Eintrocknung kommt, hilft das Einlegen in Wasser für zumindest 48 Stunden.

Die sauberen Matrizen werden in Wasser, Wasser mit Reinigungsmittel oder Wasser mit Desinfektionsmittel aufbewahrt, was entweder in einem großen Gefäß für alle oder in einzelnen Behältnissen praktiziert wird. Die Lagerung in reinem Wasser sollte nicht länger als 3–4 Tage erfolgen. Auch das Einfrieren der einzelnen Matrizen als platzsparende Möglichkeit bietet sich an. Sie müssen aber einrechnen, dass diese vor Gebrauch mehr Zeit benötigen, um ihre richtige Betriebstemperatur zu erreichen. Bei reinen Messingmatrizen wird ein Schuss Essig dem Wasser zugefügt, damit das Messing nicht grau wird.

Vor der neuerlichen Verwendung der Matrizen diese unbedingt mit Wasser und sauberer Bürste abschrubben. Die ersten Nudeln bei der Produktion auffangen und verwerfen, damit eventuell anhaftende alte Reste nicht zu den frischen Nudeln geraten. Gleichzeitig wird mit diesem „Vorlauf“ auch die Matrize auf die richtige Betriebstemperatur gebracht, was sich positiv auf die Nudelqualität auswirkt.

Die Verpackung

Die Verpackung

Der Verpackung kommt eine große Bedeutung zu. Einerseits soll sie den Inhalt vor äußeren Einflüssen schützen und andererseits müssen die Nudeln für den Konsumenten auch sichtbar sein, weil mit Formen und Farben bewusst das Auge angesprochen wird. Im Kapitel Lagerung wird erwähnt, dass die besten Bedingungen kühl, trocken und dunkel sind. Die Nudeln müssen im Verkaufsladen aber präsentiert werden und dazu ist ausreichend Licht notwendig. Licht bleicht gefärbte Nudeln mit der Zeit aus, nicht nur Sonnenlicht auch künstliches Licht, und bewirkt auch eine Geschmacksänderung. Grün gefärbte Nudeln (zum Beispiel mit Spinat) färben sich durch Licht ins Grau-Braune, was sie wenig ansehnlich macht. Für den Verkauf sollten diese Tatsachen bedacht werden.

Für die Verpackung von Nudeln im bäuerlichen Betrieb werden häufig Polypropylen-Beutel herangezogen. Sie sind transparent, leicht verschließbar und wenn ein Tischschweißgerät vorhanden ist, auch verschweißbar. Verschlossen werden diese Kunststoffsäcke, die zur höheren Stabilität als Kreuzbodenbeutel ausgeführt sind, am einfachsten mit Bast, Clips oder Klebeband.

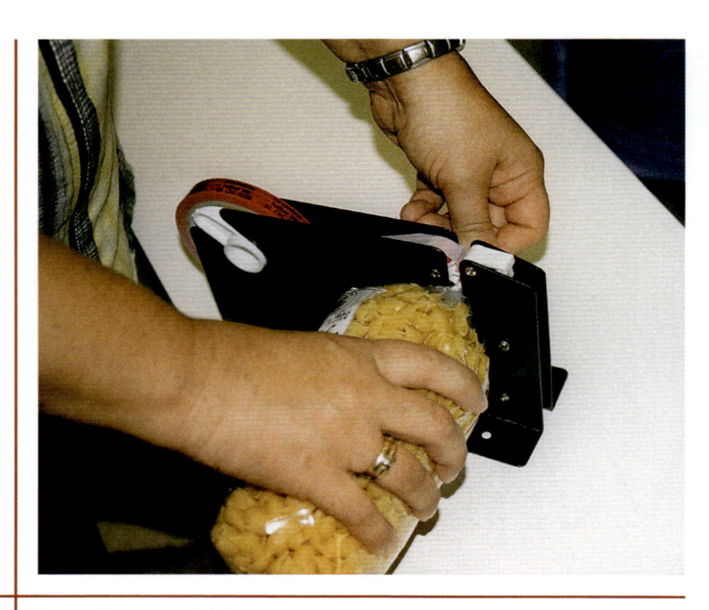

Verschluss mit Klebeband

Beim Verschließen mit Papier-Clips (zwei integrierte Drähte versteifen das Papier) muss alles händisch gemacht werden, vom Zusammenraffen der Öffnung bis zum Anbringen des Clips. Für wiederverschließbare Kunststoffclips gibt es eine eigene, manuell zu bedienende Maschine, die die Öffnung zu einem Fächer formt, den Clip anbringt und sogar verplombt.

Für die Verwendung eines eigenen Klebebandes steht ein Beutelschließer zur Verfügung. Dabei muss

die Öffnung des Polypropylen-Beutels händisch zusammengefaltet und durch eine schmale Öffnung des Schließapparates durchgezogen werden.

Als Alternative bieten sich Kreuzbodensäcke an, deren Außensack aus Papier besteht, welcher innen mit einer transparenten Kunststoffschicht ausgekleidet ist. Ein Sichtfenster ermöglicht die Ansicht des Produktes. Bekannt sind diese Säcke vor allem durch die Verpackung von Teemischungen. Nudeln in dieser Umhüllung verursachen eine gewisse Ablehnung beim Kunden, weil er sich bis jetzt noch nicht daran gewöhnt hat. Diese Verpackungsart soll aber trotzdem wegen der Zweckmäßigkeit eingeführt werden, da ein viel besserer Lichtschutz gegeben ist.

Für die Verpackung von frischen Nudeln gelten andere Voraussetzungen. Bei der Lagerung im tiefgekühlten Zustand werden handelsübliche Gefrierbeutel verwendet. Vorteilhaft erweist sich das portionsweise Befüllen, um dem Kunden beim Verkochen Dosierungsprobleme zu ersparen. Erfolgt ein Verkauf größerer Mengen im gekühlten Zustand, dann legen Sie die Nudeln am besten auf stapelbaren Kunststoffkisten in Portionen ab. Das Abdecken der einzelnen Lagen mit einer Frischhaltefolie schützt die Ware vor äußeren Einflüssen.

Eine weitere Möglichkeit der Verpackung für frische Nudeln bieten Kunststofftassen, die mit einer transparenten Folie verschlossen werden. Dazu wird das Lebensmittel noch mit Schutzgas umspült und mit einer Folie luftdicht verschweißt. Für diesen Arbeitsschritt ist ein eigenes Gerät notwendig. Die Vorteile liegen aber klar auf der Hand: Die Haltbarkeit verlängert sich im gekühlten Zustand entscheidend und die Kochzeit wird gegenüber getrockneter Ware stark verringert.

Lagerung von Nudeln

Im Haushalt hergestellte Nudeln werden meist am selben Tag für den Verzehr gekocht. Produzieren Sie aber bewusst größere Mengen, dann müssen sie haltbar gemacht und entsprechend gelagert werden, damit sie nicht verderben. Dafür bieten sich mehrere Möglichkeiten an.

Die Bekannteste ist wohl die Form der Trocknung. Der Feuchtigkeitsgehalt der Nudeln wird dabei auf 13 % und weniger gesenkt. Damit haben Mikroorganismen nicht die Möglichkeit, sich auf dem Erzeugnis zu vermehren, weil kein Wasser verfügbar ist. Befinden sich die Nudeln bereits in der Verpackung, so ist trotzdem Vorsicht geboten. Denn durch starke Temperaturschwankungen (Sonnenschein – Kühlschrank) kann es an der Verpackungsinnenseite zur Kondenswasserbildung kommen, wodurch die notwendige Feuchtigkeit für das Wachstum der Keime wieder vorhanden wäre. Es ist auch nicht empfehlenswert, die Nudeln über

dem brodelnden Kochwasser von der Verpackung in den Kochtopf zu portionieren, wenn nicht die ganze Packung verbraucht wird. Der Wasserdampf steigt auf und setzt sich an der Innenseite der Umhüllung ab.

Zu beachten gilt bei der Aufbewahrung von getrockneten Nudeln auch, dass sie nach Möglichkeit dunkel gelagert werden sollen, weil gefärbte Nudeln mit der Zeit verblassen. Grüne Nudeln färben sich sogar ins Grau-Bräunliche.

Nicht nur das Licht zeigt Auswirkungen auf die Nudeln, im Sommer muss auch verstärkt die Temperatur beachtet werden, denn Motten richten erheblichen Schaden bei Getreide, Mahl- und Getreideprodukten an, wenn die Entwicklungsbedingungen passen. Sie legen ihre Eier in der Nähe geeigneter Brutsubstrate ab und die kaum sichtbaren Eilarven dringen durch kleinste Spalten und Ritzen in die Verpackung ein. Die Nudeln beginnen dann regelrecht zu „leben". Larve und Raupe verunreinigen durch ihre Gespinste (fadenförmige Gewebe) und Kotpartikel das Lebensmittel. Ihre Entwicklung ist bereits ab 15 °C möglich und geht umso rascher, je höher Temperatur und Luftfeuchtigkeit werden.

Die Sommermonate haben auch Einfluss auf die Lagerdauer von getrockneten Vollkornnudeln. Mit dem vollen Korn sind auch die Fette vom Keimling mitverarbeitet, die bei höheren Temperaturen rascher ranzig werden. Um die Haltbarkeitsdauer auf dem Etikett zu garantieren, empfiehlt es sich, diese mit eigenen Versuchen herauszufinden. Vollkornteigwaren sind 6 Monate bis maximal 1 Jahr bei entsprechenden Bedingungen lagerfähig. Für Kürbiskernnudeln und Mohnnudeln aus Durumgrieß gilt ebenfalls eine beschränkte Haltbarkeit, weil Fette mit den aromatisierenden Zutaten zugeführt werden. 2 bis 6 Monate gelten als Richtwert. Neben der Temperatur beschleunigt auch Licht das Ranzigwerden dieser Nudeln. Teigwaren aus Mahlprodukten, Trinkwasser und/oder Eiern sind mindestens 1 Jahr haltbar.

Für die optimale Lagerung von getrockneten Nudeln gilt daher:
trocken, kühl und lichtgeschützt!

Eine andere Möglichkeit der Lagerung besteht durch das Tiefgefrieren von Frischnudeln. Die Temperatur soll bei – 18 °C und darunter liegen. Damit sind sie für mindestens 6 Monate lagerfähig. Zu beachten ist dabei, dass die Nudeln bereits portionsweise ins Gefrierfach wandern sollen, damit später nur jener Teil aufgetaut werden muss, der auch wirklich verkocht und gegessen wird (siehe auch Kapitel Verpackung). Tiefgefrorene Ware soll nicht aufgetaut und wieder eingefroren werden. Als Richtwert gilt: Pro Person benötigen Sie 100–150 g Nudeln als Hauptspeise (siehe auch Kapitel das Nudelkochen).

Die Aufbewahrung von Frischnudeln in gekühlter Atmosphäre (Kühlraum oder Kühlschrank) beschränkt sich auf nur einige Tage. Länger haltbar sind sie, wenn sie in Kunst-

stofftassen und Schutzgas verpackt werden. Dadurch steigert sich die Haltbarkeit auf 4 Wochen, wenn die Kühlkette nicht unterbrochen wird. Als zusätzlicher Vorteil gegenüber getrockneter Ware zählt die kürzere Kochzeit der Frischnudeln. Diese Variante kann vom Nudelhersteller folglich auch bei Gasthäusern sehr gut angepriesen werden, weil speziell dort die Kochzeit ein wichtiges Kriterium darstellt.

Etikettierung

Sobald ein Lebensmittel verpackt ist, muss es auch nach der Lebensmittelkennzeichnungsverordnung beschriftet sein. Als verpackt gilt es dann, wenn ohne Öffnung oder Veränderung der Verpackung der Inhalt nicht vermehrt oder vermindert werden kann. Laut dieser Verordnung sind folgende Kennzeichnungselemente vorgeschrieben, die am Etikett gut lesbar aufscheinen müssen (Stand Oktober 2005):

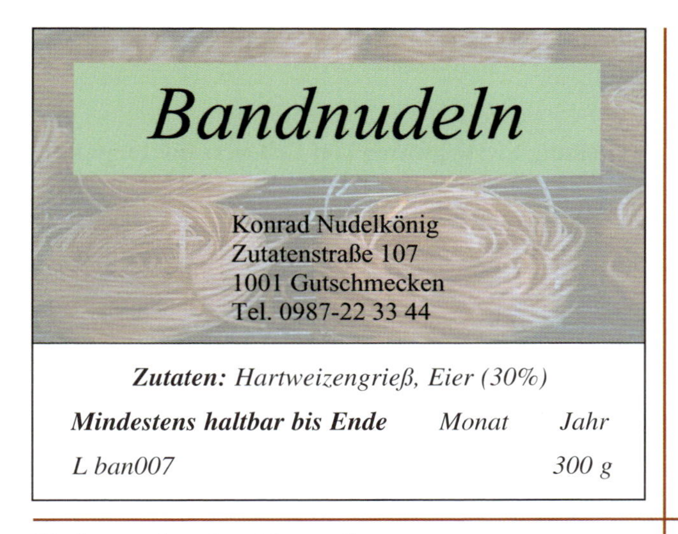

Mindestangaben einer Musteretikette

Sachbezeichnung

Sie gibt an, um welches Produkt es sich handelt. Die Sachbezeichnung muss die Angaben im Lebensmittelbuch berücksichtigen. Im Anhang können Sie das Kapitel B 19 vom Österreichischen Lebensmittelbuch und die Leitsätze für Teigwaren mit Gültigkeit für Deutschland nachlesen. Die Benennung erfolgt entweder nach Art des Teiges (z. B. Dinkel-, Vollkorn-, Kräuternudeln usw.) oder nach der Form (zum Beispiel Spaghetti, Makkaroni, Bandnudeln usw.).

Laut Definition im Lebensmittelbuch handelt es sich bei „Nudeln" um Teigwaren, deren Zutaten aus einem Getreidemahlprodukt, Trinkwasser und Ei bestehen, wobei der Eigehalt

eine gewisse Grenze nicht überschreiten darf. Wird diese Grenze überschritten, dann heißt es richtigerweise Eiernudeln bzw. Eierteigwaren (siehe Anhang: Codexkapitel B 19 für Österreich und Leitsätze für Teigwaren in Deutschland).

Einteilung Eierteigwaren laut Lebensmittelkodex in Österreich

Eimasse/kg Grieß	Benennung
ab 90 g	Eierteigwaren
ab 180 g	Eierteigwaren mit hervorhebender Bezeichnung (z.B. mit hohem Eigehalt, ...)
ab 270 g	Eierteigwaren wie im Haushalt hergestellt (z.B. hausgemacht, wie hausgemacht, ...)

Einteilung Eierteigwaren laut Leitsätze für Teigwaren in Deutschland

Eimasse/kg Grieß	Benennung
ab 100 g	Eier-Teigwaren (z. B. Eier-Nudeln, ...)
ab 200 g	Eier-Teigwaren mit hohem Eigehalt (z. B. Eier-Teigwaren mit 4 Eiern, ...)
ab 300 g	Eier-Teigwaren mit besonders hohem Eigehalt (z. B. Eier-Teigwaren mit 6 Eiern, …)

Name und Anschrift

Die Angaben des Herstellers dienen der Rückverfolgbarkeit des Produktes. Dieser ist für die Genusstauglichkeit, Sicherheit und richtige Kennzeichnung der Ware verantwortlich.

Nettofüllmenge

Jene Nudelmenge, die in die Verpackung gelangt, gilt als Nettofüllmenge und wird in Gramm (g) oder Kilogramm (kg) am Etikett angegeben. Für dieses Kennzeichnungselement ist eine Mindestziffernhöhe vorgeschrieben.

Das bedeutet, dass für eine Füllmenge bis 50 g eine Schriftgröße von mindestens 2 Millimeter (mm) notwendig ist, von mehr als 50 g bis 200 g die Höhe von mindestens 3 mm, mehr als 200 g bis 1000 g mindestens 4 mm und bei mehr als 1000 g mindestens 6 mm zur deutlichen Lesbarkeit verwendet werden müssen.

Losnummer

Für die Rückverfolgbarkeit ist die Los- oder Chargennummer eine wichtige Maßnahme. Als eine beliebige Zahlen- und Buchstabenkombination gibt sie mir durch meine Aufzeichnungen genau Aufschluss, wann eine Produktionseinheit unter welchen Bedingungen hergestellt wurde. Für den Fall einer Beanstandung des Produktes muss nicht die gesamte Ware aus den Regalen geräumt werden, sondern nur alle mit einer identischen Chargennummer. Dieses Kennzeichnungselement beginnt am Etikett mit „L". Die Losnummer kann entfallen, wenn das Mindesthaltbarkeitsdatum genau nach Tag und Monat angegeben ist und ich für mein Produkt eine genau definierte Haltbarkeitsdauer festgelegt habe.

Mindesthaltbarkeitsdatum

Der Zeitpunkt, bis zu dem die Ware ihre spezifische Eigenschaft behält, gilt als Mindesthaltbarkeitsdatum. Der Hersteller garantiert vor Ablauf dieses Datums die Genusstauglichkeit und Sicherheit des Produktes. In der Lebensmittelkennzeichnungsverordnung ist der genaue Wortlaut mit „mindestens haltbar bis" vorgegeben, der mit dem entsprechenden Datum (Tag, Monat, Jahr) ergänzt wird. Reicht die Haltbarkeit von 3 bis 18 Monaten, dann reicht die Angabe von Monat und Jahr folgend auf den Wortlaut „mindestens haltbar bis Ende". Für die Haltbarkeitsdauer von Produkten gibt es keine Vorschriften, deshalb ist der vernünftigste Weg, diese am Betrieb anhand der fertig verpackten Ware zu eruieren und zu kontrollieren.

Zutaten

In der Zutatenliste werden alle Zutaten in massenmäßig absteigender Reihenfolge angegeben. Sie soll den Konsumenten über die Inhaltsstoffe informieren und mit dem Wort „Zutaten" am Etikett beginnen. An erster Stelle steht wegen des hohen Anteils das Mahlprodukt (zum Beispiel Hartweizengrieß). Da bei Eierteigwaren das Wort „Ei" in der Sachbezeichnung enthalten ist, muss dieses nach der QUID-Regelung (Quantitative Ingredient Declaration) auch mengenmäßig ausgewiesen werden, d. h. eine Prozentangabe der enthaltenen Eimasse steht ebenfalls in der Liste. Diese Angabe bezieht sich bei getrockneten Nudeln nicht auf den Teig, sondern auf das haltbare Produkt.

Für jene Zutaten, die zur Geschmacks- und Farbgebung und damit Aromatisierung verwendet werden, gilt, dass sie jedenfalls in der Zutatenliste aufscheinen müssen. Die Abgrenzung, ob es sich bei diesem Inhaltsstoff um eine Aromatisierung oder einen wesentlichen Bestandteil des Endproduktes handelt, ist schwierig und von Fall zu Fall verschieden. Eine

Prozentangabe kann unterbleiben, obwohl sie in der Sachbezeichnung enthalten ist, wenn es sich lediglich um eine Aromatisierung handelt. Auf Nummer sicher gehen Sie jedenfalls, wenn Sie diese Zutat in Prozent am Etikett auflisten.

Lagerbedingungen

Sind entsprechende Lagerbedingungen für die Aufrechterhaltung der Genusstauglichkeit notwendig, so müssen diese am Etikett auch angeführt sein. Für die garantierte Haltbarkeitsdauer von frischen Nudeln ist der gekühlte Zustand unbedingt erforderlich und daher auch anzugeben. Für getrocknete Nudeln ist die Deklaration der Lagerbedingungen (kühl, lichtgeschützt, trocken) nicht zwingend, aber vorteilhaft.

Bei der Verpackung von Frischnudeln in Schutzatmosphäre muss zusätzlich der Hinweis „unter Schutzatmosphäre verpackt“ als Kennzeichnungselement angegeben sein.

Das Nudelkochen

Grundsätzlich gilt beim Nudelkochen, dass die Sauce zuerst fertig sein sollte, weil sie besser an frisch gekochten, heißen Nudeln haftet.

In einem ausreichend großen Topf wird genügend Trinkwasser zum Kochen gebracht. Als Richtwert gilt: 100 g Nudeln benötigen 1 Liter Wasser. Eine großzügige Dimensionierung bewirkt, dass Nudeln, deren Volumen durch die Wasseraufnahme zunimmt, während des Kochvorganges nicht zusammenkleben.

Das Wasser soll zuerst kochen und dann wird Salz dazugegeben (1 TL für 3 l Trinkwasser). Sie können damit geringfügig Energie sparen, weil es länger dauert, wenn Salzwasser zum Kochen gebracht werden muss. Auch ein Deckel am Topf verringert die Zeit bis zum Sieden.

Die Nudeln ins kochende Salzwasser geben und sofort umrühren, sodass sie sich gleichmäßig verteilen und ein Zusammenkleben verhindert wird. Damit alle Nudeln gleichzeitig fertig gekocht sind, bei leicht sprudelnden Bedingungen garen lassen und von Zeit zu Zeit umrühren. Falls Sie während des Kochvorganges den Deckel auflegen, sollte dieser nicht ganz schließen, weil das Kochwasser schäumt und ein Überlaufen die Folge wäre.

Eine Möglichkeit, um ein Zusammenkleben der Nudeln zu verhindern, besteht in der Zugabe von Öl zum Kochwasser. Wenn aber, wie vorher beschrieben, ausreichend Kochwasser vorhanden ist, dann benötigen Sie das Öl lediglich zur Geschmacksverfeinerung und nicht zur Vorbeugung des Zusammenklebens. Mit einem Schuss Öl schäumt das Salzwasser auch weniger.

Gekochte, selbst gemachte Vollkornnudeln

Für die Kochzeit gilt die Angabe auf der Verpackung. Getrocknete Nudeln benötigen etwa 8–12 Minuten und Frischnudeln 2–3 Minuten. Am Ende der Kochzeit sollte öfter probiert werden, ob die Nudeln zart und weich sind, aber trotzdem noch Biss haben. „Al dente" lautet der Fachbegriff für diesen Zustand, womit gemeint ist, dass beim Durchbeißen noch ein gewisser Widerstand zu spüren ist. Die Nudeln sollen somit nicht matschig, aber auch nicht hart sein. Es sollte im Nudelinneren kein ungekochter Kern vorhanden sein.

Am leichtesten verkochbar sind diesbezüglich Eierteigwaren aus Hartweizengrieß. Sie erlauben es auch, dass die Kochzeit überzogen wird, ohne dass sie matschig werden, d. h. die Bissfestigkeit bleibt sehr lange erhalten. Mit Weichweizenmehl gefertigte Eiernudeln zerfallen zwar nicht bei zu langem Kochen, werden aber sehr weich.

Die fertig gekochten, abgeseihten Nudeln benötigen keine abschließende kalte Dusche. Sinnvoll ist ein Abbrausen nur dann, wenn die Nudeln für einen kalten Nudelsalat gebraucht oder für einen Nudelauflauf nochmals gegart werden, weil sie im heißen Zustand sonst nachweichen. Die Sauce haftet an heißen Nudeln viel besser, deshalb soll, wie am Kapitelbeginn erwähnt, die Sauce auf die Nudeln warten und nicht umgekehrt. Zum Servieren können Sie Nudeln mit Öl oder Butter verfeinern, indem sie darin geschwenkt werden.

Für rohe Nudeln gibt es Mengenempfehlungen pro Portion, die in der nachfolgenden Tabelle angeführt sind. Im Haushalt selbst gemachte Nudeln quellen beim Kochen nicht mehr so stark auf wie getrocknete, weil der Wassergehalt der frischen Teigware entsprechend höher ist. Im Groben kann gesagt werden, dass durch den Trocknungsvorgang die Masse ungefähr ein Viertel bis ein Drittel weniger wird, wodurch sich auch die Kochmengen für getrocknete Teigwaren entsprechend verringern.

Verwendung	**Empfehlung Nudeln roh**	**getrocknet**
Suppeneinlage	20–30 g	10–20 g
Vorspeise	50–60 g	30–45 g
Beilage	80–100 g	50–70 g
Hauptgericht	100–150 g	70–90 g

Gekochte Nudeln können selbstverständlich auch aufbewahrt werden. Im Kühlschrank sind sie 2 Tage lagerfähig und im Gefrierfach mindestens 6 Monate. Sie brauchen dann zum Verzehr nur mehr erwärmt werden.

Preisgestaltung bei Nudeln

Nudeln werden in industrieller Fertigung in so großen Mengen hergestellt, dass für die Preiskalkulation bereits ein Cent Unterschied in Summe viel ausmacht. Wer nur diese Zahlen im Kopf hat und nicht die Freude am Selbermachen, der braucht für den eigenen Haushalt keine Nudeln selbst herzustellen, weil Materialkosten und Arbeitszeit einem Vergleich mit der Industrieware niemals standhalten. In der Direktvermarktung bietet sich die Möglichkeit, Nudeln als eine individuell erzeugte Ware anzupreisen, die den etwas höheren Preis rechtfertigen. Dass die Qualität hervorragend sein muss, darüber bedarf es keiner Diskussion, da ansonsten nur über den geringen Preis eine Absatzsteigerung möglich ist. Das soll keine Abwertung der Industrie sein, denn diese arbeitet auf höchstem Niveau, was Hygiene betrifft, aber dennoch lässt sich ein Unterschied bei den Kocheigenschaften und beim Geschmack feststellen.

Damit eine Preisgestaltung in der Direktvermarktung erst möglich wird, ist die Aufzeichnung aller notwendigen Produktionsaktivitäten eine Voraussetzung und damit das eigene Interesse für eine Kalkulation. Die Zahlen brauchen nur regelmäßig niedergeschrieben zu werden: Für Investitionen jeder Art gibt es Rechnungen, Materialkosten fallen je nach Rezeptur der Nudeln an. Lediglich die Arbeitszeit gestaltet sich aufwändiger, weil doch genaue Aufzeichnungen notwendig sind. Die folgende Tabelle soll zeigen, welche Kostenfaktoren Sie berücksichtigen müssen.

Erfassung der Kalkulationskosten

Anfallende Kosten	Aufschlüsselung der Kosten
Fixkosten	Gebäude, bauliche Maßnahmen, Maschinen und Geräte, Hilfswerkzeug
Gemeinkosten	Strom, Verpackung, Etikett, Reinigungsmittel, Kilometer-Kosten, Heizung
Gemeinkosten Arbeit	verpacken, etikettieren, Lieferzeit, Verkauf
Arbeitszeit	Produktion, Reinigung
Materialkosten	Mahlprodukt, Eier, Trinkwasser, Zutaten zur Farb- und Geschmacksgebung

Bei den Fixkosten fällt die jährliche Abschreibung an, die auf die gesamte Produktionsmenge eines Jahres aufgeteilt wird. Die Höhe der Investitionen, aus der die Abschreibung berechnet

wird, lässt sich aus den Rechnungen ermitteln. Die Gemeinkosten werden ebenfalls über ein Jahr erfasst, weil sie einer einzelnen Verkaufspackung schwer zuordenbar sind. Mit etwas mehr Aufwand ist die Aufzeichnung der Arbeitszeiten verbunden, weil doch bewusst auf die Uhr geschaut werden muss. Am besten eine Schreibmöglichkeit griffbereit am Arbeitsplatz zurechtlegen, damit keine Schätzungen am Ende eines Arbeitstages notwendig sind. Die Materialkosten sind wiederum auf einfache Weise zu erfassen, weil alle Zutaten abgewogen bzw. stückweise erfasst werden. Eine Charge wird als jene erzeugte Menge an getrockneten Nudeln definiert, die sich aus einer gekneteten Teigmasse in der Maschine ergibt.

Kalkulationsbeispiel

Am Beispiel eines Betriebes sollen konkrete Zahlen näher betrachtet werden.
Die Fixkosten wurden mit 1,6 €/Charge ermittelt. (Eine Charge gilt in diesem Fall als Produktionsmenge in einer elektrischen Nudelmaschine mit einem Mischbehälter von 3 kg.)

Die Gemeinkosten fallen mit 2,14 € je Charge und die Gemeinkosten Arbeit mit 0,2 €/Charge ins Gewicht. Ein Stundenlohn von 8 € wurde fixiert und eine Arbeitszeit von 45 Minuten für eine Charge mitgestoppt.

Übersicht 1		
Fixe Kosten	Abschreibung	1,6 €/Charge
Gemeinkosten	Strom, Verpackung, Etiketten, Kilometergeld für Lieferung	2,14 €/Charge
Gemeinkosten Arbeitszeit	verpacken, etikettieren	0,2 €/Charge

Neben der Erfassung der Fix- und Gemeinkosten ist auch die Dokumentation der Materialkosten wichtig. Eine einmalige Erfassung der Massen gilt bis zur Abänderung dieser Rezeptur. Für Bärlauchnudeln ergaben sich für alle Zutaten Kosten von 7,14 € je Charge und für Vollkornnudeln, die ohne Eier hergestellt werden, 3,90 €. Wird die Arbeitszeit dazugerechnet, dann erhöht sich dieser Wert um jeweils 6 €.

Übersicht 2		
Bärlauchnudeln	Hartweizengrieß, Eier, Wasser, Bärlauch	7,14 €/Charge
Vollkornnudeln	Vollkornmehl, Wasser	3,90 €/Charge
Arbeitszeit	0,75 Stunden/Charge mit 8 €/Stunde	6,00 €/Charge

Die Summe aller Kosten ergibt die gesamten Kosten der Nudelproduktion für eine Charge. Pro Charge bleiben nach dem Trocknungsprozess 2,7 kg verkaufsfähiges Produkt. Daher resultiert für Bärlauchnudeln ein Mindestverkaufspreis von 6,33 € je kg und für Vollkornnudeln von 5,13 €/kg. Beide Preise sind ohne Umsatzsteuer. Mit diesen errechneten Preisen werden die anfallenden Kosten gedeckt, von einem Gewinn kann allerdings noch keine Rede sein.

Übersicht 3		
Bärlauchnudeln	Gesamtkosten 17,08 €/Charge (2,7 kg)	6,33 €/kg
Vollkornnudeln	Gesamtkosten 13,84 €/Charge (2,7 kg)	5,13 €/kg

Dieses Beispiel zeigt Faktoren auf, die in die Preisgestaltung hineinwirken. Sie sind mit den Verkaufspreisen der Industrie in keiner Weise vergleichbar, weil der Produktionsablauf für selbst gemachte Nudeln viel aufwändiger ist. Selbst diese Zahlen gelten nur für dieses gezielte Beispiel, weil nirgendwo gleiche Voraussetzungen und Bedingungen herrschen. Oberstes Prinzip für die Direktvermarktung muss sein, dass Sie die Verkaufsmengen nur langsam steigern und mit ihnen die Investitionen. Die Herstellung einer Ware mit bester Qualität benötigt auch den entsprechenden Einsatz für die Vermarktung, was im Verkaufspreis ihre Berücksichtigung finden sollte.

Weitere Teigwaren

Weitere Teigwaren

Der Inhalt der bisherigen Kapitel gibt die Herstellung von „einfachen“ Nudeln in Haushalt und Kleinbetrieben wider. In den folgenden Kapiteln wird die Fertigung von gefüllten Nudeltaschen, Spätzle und Nockerln beschrieben, die ebenfalls wegen der Teigzusammensetzung zu den Nudeln gezählt werden können. Kochrezepte zu allen Arten der Nudeln gibt es im Rezeptteil.

Ravioli können auch mit einer elektrischen Nudelmaschine in größeren Mengen hergestellt werden. Dazu benötigen Sie eine Matrize, die Teigbänder erzeugt bzw. händisch abgelängt Lasagneblätter ergibt. Diese Teigbänder werden während dem Austritt aus der Matrize von Hand aus auf einen Zylinder gerollt. Zwei solche mit Teigbändern aufgerollte Zylinder werden in einer Verankerung eingehängt und die vorbereitete Fülle in einen Vorratsbehälter gegeben. Diese Vorrichtung befindet sich auf der elektrischen Nudelmaschine und die beiden Nudelbänder werden in einzelne Rechtecke zusammengedrückt, nachdem die Fülle mittig und portioniert dazwischen gebracht wurde, sodass letztlich 4 gefüllte Ravioli in einer Reihe herauskommen. Mit einem Teigrad müssen die Ravioli an der Naht noch getrennt werden.

Herstellung Kärntner Nudeln (Maultaschen, Ravioli)

Kärntner Nudeln werden auch „Kärntner Käsnudeln oder Kärntner Kasnudeln“ genannt, wobei „Käs (Kas)“ Bauerntopfen bedeutet, der in der Fülle enthalten ist. Die Rezeptur dieser Nudeln unterliegt, besonders bei der Fülle, der Kreativität des Koches, der seine Vorlieben für Zutaten und Gewürze in das Produkt einbringt. Folglich war es mir unmöglich, eine Rezeptur niederzuschreiben, die den Anspruch auf Allgemeingültigkeit erheben kann. Bereits wenige Kilometer geographischer Abstand reichen aus, um einen Unterschied in der Zusammensetzung festzustellen. Kärntner Nudeln sind vergleichbar mit Maultaschen, die eine Spezialität der schwäbischen Küche sind, oder Ravioli, die alle als gefüllte Nudeltaschen gelten.

Herstellung für die Direktvermarktung

In jenem Betrieb in Kärnten, der mir Auskunft über die Herstellung von Kärntner Nudeln gab, wird der Teig mit einer Maschine geknetet und auch maschinell ausgerollt. Dadurch

erhöht sich natürlich auch die Produktionseffizienz und einer steigenden Nachfrage kann leichter Folge geleistet werden.

Teig und Ausformung

Der Teig wird aus Hartweizengrieß, Eiern, Trinkwasser, Öl und Salz erzeugt. Er soll immer frisch gemacht werden. Selbst dann, wenn eine Teigknetmaschine für größere Mengen vorhanden ist, nur soviel Teig fertigen, dass er rasch verarbeitet werden kann, denn liegt er zu lange, dann wird er sauer. Mit der Teigauswalzmaschine wird der Teig auf die richtige Stärke gebracht (2–3 mm), wobei zu beachten gilt, dass er nicht zu feucht sein darf, weil sonst die Walzen verkleben, und auch nicht zu trocken wegen der Gefahr des Reißens. Es ist dazu viel Erfahrung notwendig und das oftmalige Probieren unerlässlich.

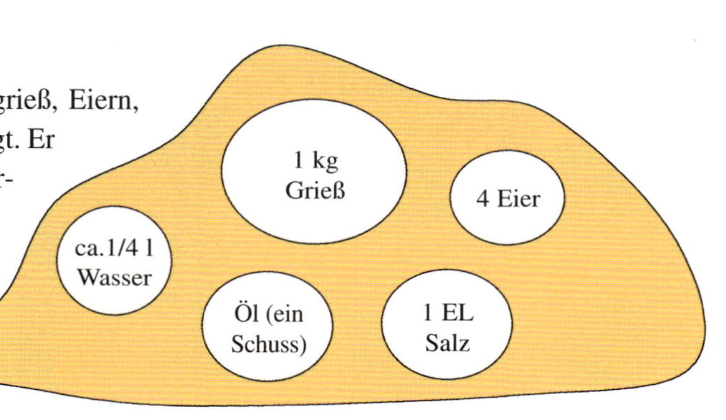

Teigzusammensetzung für Kärntner Kasnudeln in einem Direktvermarktungsbetrieb

Der ausgewalzte Teig wird anschließend mit einem Teigrad in kleinere längliche Stücke geschnitten.

Ausgewalzter Teig

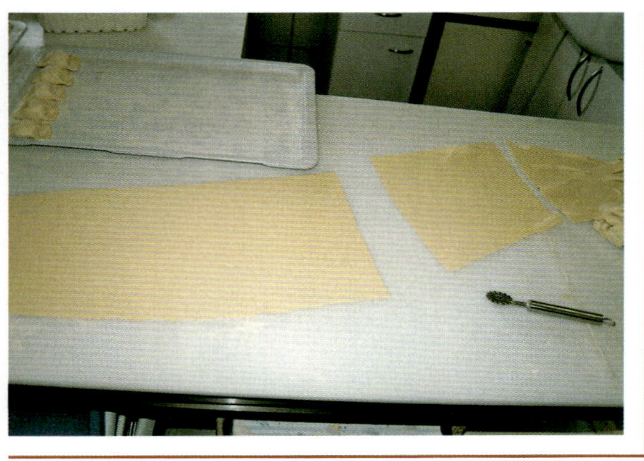

Längliche Teigstreifen schneiden

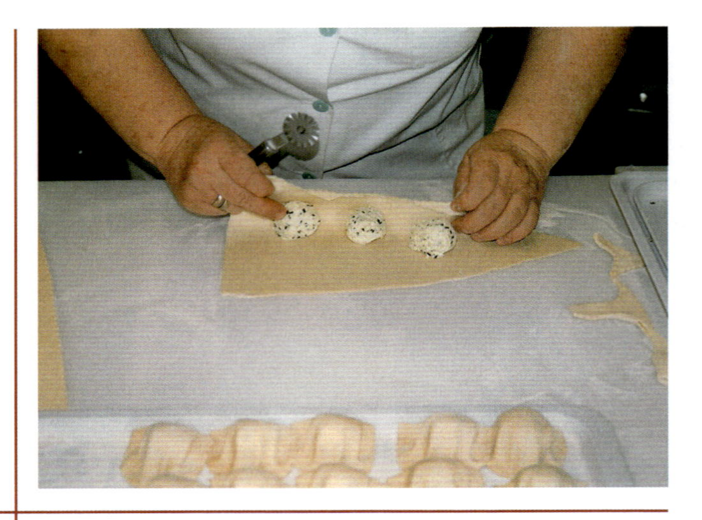

Fülle am Teigstreifen auflegen

Die runde Fülle auf der einen Teighälfte so platzieren, dass die andere Hälfte darüber geschlagen werden kann. Für die gleichmäßige Größe der Fülle kann ein Eisportionierer dienen. Anschließend erfolgen ein leichtes Andrücken des Teiges und das Zurechtschneiden mit dem Teigrad für die richtige Größe der gefüllten, halbrunden Taschen. Abschließend den Teig nochmals gut andrücken, damit sich beim Kochen der Rand nicht öffnet.

Kochen und lagern

Die Nudeln werden in diesem Betrieb in einem eckigen Edelstahlgefäß (Pastakocher) vorgekocht, was innerhalb von 3 Minuten ab Einlegen ins kochende Wasser geschehen ist. In einem weiteren eckigen Edelstahlbehälter, der mit kaltem Wasser gefüllt ist, wird anschließend abgekühlt. Durchgekühlt sind die Nudeln dann, wenn sie nicht mehr an der Oberfläche schwimmen. Auf einem Rost können sie abtropfen und werden anschließend entweder portionsweise in Gefrierbeutel gefüllt und tiefgekühlt, wo sie mehrere Monate haltbar sind, oder in flachen Kunststoffkisten für Großabnehmer gestapelt. Diese Kisten kommen in den Kühlraum, wo die Nudeln 5–6 Tage haltbar sind. Zur essfertigen Zubereitung reicht die Erwärmung im heißen Wasser oder im Mikrowellenherd.

Teig um die Fülle andrücken

Fülle

Die Fülle verleiht den Kärntner Nudeln den speziellen Geschmack und ist auch für die Namensgebung entscheidend. Die Grundmasse setzt sich aus Topfen und Kartoffeln zusammen. Die Kartoffeln werden gekocht und zerstampft und mit dem bröseligen Topfen im Verhältnis 1:1 gemischt. Mit verschiedenen Gewürzen, Kräutern und Zutaten (siehe unten) wird der Fülle ein entsprechender Geschmack verliehen. Die Ausformung zu Kugeln erfolgt händisch und wird mit einem Eisportionierer oder Löffel zur Mengenfestlegung für annähernd gleich große Kugeln unterstützt. Die nachfolgenden Angaben zeigen mögliche Zusammensetzungen auf, die natürlich in jede Geschmacksrichtung ausprobiert werden können.

Kasnudeln

Der Bauerntopfen wird mit den gekochten, zerstampften Kartoffeln 1:1 gemischt und mit verschiedenen Gewürzen (Salz, Pfeffer) verfeinert. Nudelminze, Kerbel und Schnittlauch sind die geschmacksgebenden Zutaten. Nudelminze (Braune Minze, Ananasminze) hat einen anderen Geschmack und ist nicht so intensiv wie Pfefferminze. Serviert werden Kasnudeln mit übergossenem, heißem Grammelschmalz oder heißer Butter.

Breinnudeln

Ursprünglich stammen sie vom Kärntner Unterland ab. Für die Fülle wird statt der zerstampften Kartoffelmasse Hirse verwendet, die mit Bauerntopfen vermischt wird. Dazu wird die Hirse sauber gewaschen und in Milch mit ein wenig Butter so lange gekocht, bis sie weich ist. Die Würzung erfolgt wie bei den Kasnudeln je nach Geschmack und die fertigen Nudeln werden ebenso mit Grammelschmalz oder Butter angerichtet.

Knoblauchnudeln

Als Grundmasse dient wieder eine Mischung aus gekochten, zerstampften Kartoffeln und Bauerntopfen, die jeweils zu gleichen Teilen vermischt werden. Um einen ausgeprägten Knoblauchgeschmack zu erreichen, wird mit faschiertem (gepresstem) Knoblauch, geschnittenem Porree und Schnittlauch je nach Belieben gewürzt. Angerichtete Nudeln werden mit zerlassener Butter oder Grammelschmalz übergossen.

Spinatnudeln

Als Hauptbestandteil der Fülle werden gekochte, zerstampfte Kartoffeln herangezogen, die 1:1 mit Bauerntopfen gemischt werden. Damit die Fülle auch Farbe und Geschmack vom Spinat erhält, wird entweder Blattspinat gekocht und passiert oder fertiger passierter Spinat, der als tiefgefrorene Ware im Handel erhältlich ist, der Grundmasse beigemischt. Zur

Würzung können Sie Muskat, Salz, Pfeffer und Knoblauch verwenden. Serviert werden Spinatnudeln mit heißer Butter oder Grammelschmalz.

Fleischnudeln

Für die Fleischfülle werden Schweinsbraten und gekochter Schinken faschiert und mit Knödelbrot gemischt. Im Haushalt werden auch Braten- oder andere Fleischreste sowie Wurst verwendet. Die Würzung erfolgt nach eigenem Belieben und kann mit Majoran, Salz, Pfeffer, Kräutern und Knoblauch abgestimmt werden. Fleischnudeln können Sie mit heißem Grammelschmalz und Sauerkraut oder als Suppeneinlage kredenzen.

Käsenudeln

Zur Füllung des Nudelteiges wirken hier Bauerntopfen, Gorgonzola und Emmentaler und keine Kartoffeln mit. Der Blauschimmelkäse soll gut mit den übrigen Zutaten abgestimmt sein, damit er mit seinem intensiven Geschmack nicht alles überdeckt. Der Emmentaler wird in geriebener Form dazu gegeben. Zur Würzung dienen italienische Kräuter und Schnittlauch. Es kann auch ein Schuss Rahm zum besseren Binden beigefügt werden. Zum Servieren werden diese Nudeln in Butter geschwenkt und mit einer Gorgonzolasauce sowie mit Salat gereicht.

Kletzennudeln

Ganze gedörrte Birnen sind als Kletzen bekannt. Diese werden gekocht, bis sie weich sind, und anschließend faschiert, um diese Masse mit dem Bauerntopfen zu jeweils gleichen Anteilen vermischen zu können. Zu den weiteren Zutaten zählen Staubzucker, Zimt, Nelkenpulver, Honig und Rum, die natürlich je nach Vorliebe ergänzt oder weggelassen werden können. Kletzennudeln zählen zu den süßen Nudeln und werden als Nachspeise gereicht. Mit zerlassener Honigbutter übergossen, verfeinert mit Zimt und Staubzucker, werden sie mit Apfelmus serviert.

Kärntner Nudeln bekommen auch durch saisonale Zutaten je nach Jahreszeit einen beliebigen Geschmack durch die unterschiedlichen Beigaben der Fülle. Den eigenen Vorlieben sind keine Grenzen gesetzt. Als Beispiele werden hier Bärlauch-, Schwammerl-, Kürbis- und Wildnudeln genannt.

Bärlauchnudeln

Als Grundmasse werden gekochte, zerstampfte Kartoffeln und Bauerntopfen herangezogen, die zu jeweils gleichen Teilen zusammen gebracht werden. Der Bärlauch wächst im Frühjahr auf feuchten, humusreichen Laubwaldböden und riecht intensiv nach Knoblauch. Die Blätter

sehen jenen der Maiglöckchen ähnlich und sollten nicht verwechselt werden, weil letztere sehr giftig sind. Die fein geschnittenen Bärlauchblätter werden zusammen mit Knoblauch, Schnittlauch und Salz der Grundmasse beigemengt. Angerichtet werden die Nudeln mit heißer Butter oder Grammelschmalz.

Eierschwammerlnudeln

Für die saisonalen Nudeln werden frische Eierschwammerl (= Pfifferlinge) gründlich geputzt und klein geschnitten. Anschließend werden sie mit Zwiebeln geröstet und in die Kartoffelmasse eingebracht. Der Bauerntopfen entfällt bei der Grundmasse. Die geschmackliche Abstimmung erfolgt mit Petersilie, Salz und Pfeffer und einem Ei zur Bindung. Heiße Butter oder Grammelschmalz eignen sich auch hier zum Garnieren der Nudeln.

Kürbisnudeln

In der südlichen Steiermark wird viel Ölkürbis zur Gewinnung der Kürbiskerne angebaut, aus denen das bekannte Kernöl gepresst wird. Für die Kürbisnudeln wird aber das „Fleisch" vom Speisekürbis verwendet. Dazu empfiehlt sich der Muskatkürbis, weil er, wie der Name sagt, einen leichten Muskatgeschmack aufweist. Das gedünstete Kürbisfleisch wird der Grundmasse zugesetzt, die wiederum aus gekochten, zerstampften Kartoffeln und Bauerntopfen zu gleichen Teilen besteht. Zur Würzung werden je nach Belieben Salz, Pfeffer, Muskat und Schnittlauch beigegeben. Serviert werden Kürbisnudeln mit heißer Butter oder Grammelschmalz.

Wildnudeln

Wildfleisch hat vor allem im Herbst Saison. Für die Fülle wird gebratenes Reh-, Gams- oder Hirschfleisch faschiert und mit Knödelbrot gemischt. Beigefügte Preiselbeeren geben der Masse eine zusätzliche Verfeinerung. Zum Servieren empfiehlt sich eine Preiselbeersauce.

Wer seinen Gästen eine besondere Freude bereiten will, dem steht die Möglichkeit eines Nudeltellers zur Verfügung, der sich durch die Variationen der verschiedenen Kärntner Nudeln auszeichnet.

Erklärung		
	Topfen	= Quark, Speisequark
	Grammeln	= Grieben
	Rahm	= Sahne, Schlagobers
	Eierschwammerl	= Pfifferling
	Knödelbrot	= Weißbrotwürfel

Herstellung für den Haushalt

Bei der Produktion von Kärntner Nudeln für den Haushalt werden üblicherweise alle Arbeitsschritte mit der Hand erledigt. Die Zutaten sind im Großen und Ganzen gleich, doch jeder hat seine Tipps und Tricks, die meist noch aus Großmutters Zeiten überliefert oder in der Schule gelernt wurden.

Teig und Fülle

Für die Herstellung des Teiges wird Mehl anstatt Grieß verwendet. Eier, lauwarmes Wasser und Öl werden vor der Zugabe zum Mehl miteinander verrührt. Das Mehl auf der Arbeitsfläche in der Mitte mit einer Grube versehen, die Flüssigkeit hineingeben und händisch gut durchkneten, bis ein weicher, geschmeidiger, homogener Teig entsteht. Vor dem Ausrollen, der Füllung und Ausformung der Kärntner Nudeln soll der Teig zumindest eine halbe Stunde rasten.

Währenddessen kann die Fülle vorbereitet werden. Dazu werden die gekochten Kartoffeln mit einem Stampfer oder einer Gabel zerdrückt, aber nicht durch eine Kartoffelpresse gepresst. Die noch warme Kartoffelmasse wird mit dem

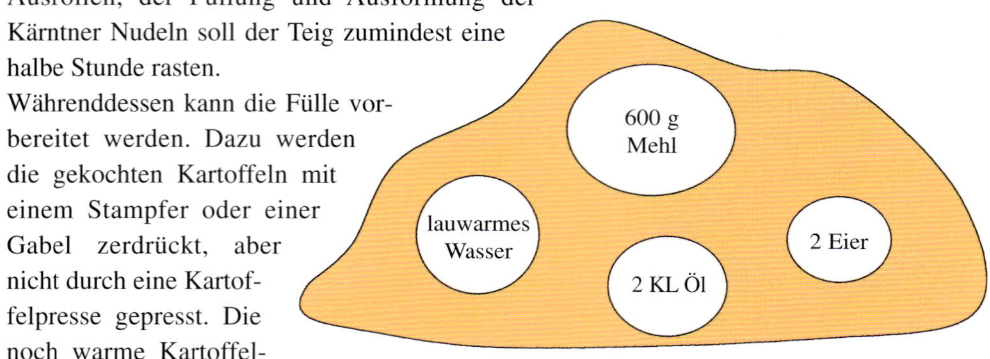

Teigzusammensetzung der Kärntner Nudeln für einen Haushalt

„Bröseltopfen" (= grobkörniger Topfen) vermischt. Als Gewürze kommen Porree, Schnittlauch und Minze in fein gehackter Form sowie ein wenig Salz dazu. Aus dieser gleichmäßig vermischten Masse werden Kugeln mit einem Durchmesser von etwa 2–3 cm geformt.

Fertig geformte Füllebällchen

Nudeln füllen und „krendeln"

Den Teig auf einer mit Mehl bestaubten Unterlage gleichmäßig ausrollen und eine Seite gerade schneiden. Die Füllebällchen etwa 6 cm vom begradigten Rand sowie auch voneinander entfernt parallel auflegen und dann den Teig über die Fülle schlagen. Nun wird der Teig rund um die Fülle mit den Handkanten festgedrückt. Damit eventuell eingeschlossene Luft entweichen kann, besteht die Möglichkeit, mit einem Messer den Teig ein wenig einzuschneiden und nochmals den Teig anzudrücken. Die Kasnudeln werden anschließend mit einem Krapfenstecher halbkreisförmig ausgestochen. Falls kein Krapfenstecher im Haushalt vorhanden ist, kann diese Arbeit auch mit einem umgestülpten Trinkglas erfolgen oder Sie schneiden mit einem Teigrad halbkreisförmig die gefüllten Teigtaschen aus.

Teigstreifen mit Füllebällchen belegen

Der Kasnudelrand hat in Kärnten eine „historische" Bedeutung, die sich in einem Spruch äußert: *„A Dirndl, des net krendln kann, kriegt kan Mann!"* Beim Krendeln wird der Teigrand mit Daumen und Zeigefinger leicht zusammengedrückt und in kleinen Abständen nach oben gebogen. Letztlich hat der Rand ein zopfähnliches Aussehen, wenn das Krendeln gelungen ist. Erleichtert wird diese Tätigkeit,

Teig darüberschlagen und andrücken

Ausstechen der Teigtaschen

Krendeln des Teigrandes

wenn ein genügend großer Teigrand vorhanden ist und die Nudeln daher entsprechend großzügig ausgestochen werden. Der Rand kann zur einfacheren Verzierung auch mit einer Gabel gedrückt werden.

Gekrendelte Kärntner Kasnudeln

Kasnudeln kochen

Ein ausreichend großer Kochtopf zum Nudelkochen ist notwendig. Die Nudeln werden in kochendes Salzwasser gegeben und benötigen etwa 3–5 Minuten, bis sie fertig sind. Erkennbar ist das daran, weil die fertig gegarten Nudeln vom Boden des Topfes aufsteigen und am Salzwasser schwimmen.

Sie können mit heißer Butter übergossen werden oder kurz in Butter angebraten und mit warmen Grammeln angerichtet werden. Als Beilage schmeckt am besten grüner Salat.

Falls vom Teig etwas übrig bleibt, so kann dieser entweder durch ein Reibeisen gedrückt, getrocknet und später als Suppeneinlage verwendet werden, oder er wird dünn ausgerollt, ein wenig getrocknet und zu Nudeln geschnitten.

Herstellung von Spätzle

Spätzle gelten als typische regionale Speise im schwäbischen Raum. Verbreitet sind sie über die deutschen Grenzen hinaus und im Supermarkt in getrockneter oder frischer Form erhältlich. Für die Zubereitung im eigenen Haushalt sprechen die geschmackliche Höchstform und die individuelle Gestaltungsmöglichkeit an Zutaten.

Obwohl zur Herstellung der Teig ebenfalls gekocht wird, besteht doch in der Konsistenz ein Unterschied zu den konventionellen Nudeln und gefüllten Teigtaschen. Der frische Teig ist nicht kompakt und ausrollbar, sondern zähflüssig, was für die „Formgebung“ notwendig ist, die von Geschick und Übung des Kochenden abhängt.

Eine Unterscheidung der gefertigten Spätzle gibt es nach der Form

Form	**Beschreibung**
Lange Spätzle	die Länge übersteigt den Durchmesser um mehr als das Vierfache
Knöpfle	die Länge beträgt weniger als das Zweifache vom Durchmesser
Störche	missratene, großklumpige Spätzle

Für die Zutaten des Teiges gibt es keine allgemein gültige Rezeptur. Grundsätzlich werden Mehl, Eier, Wasser und Salz miteinander vermischt. Mehl kann durch Vollkornmehl, Dinkelmehl oder Hartweizengrieß ersetzt oder Mischungen daraus herangezogen werden. Um den Ei-Anteil zu reduzieren, wird dieser durch Wasser ersetzt, aber zumindest 2 Eier pro 500 g Mehl sollten doch verwendet werden. Verwenden Sie Mineralwasser statt Trinkwasser, dann wird der Teig lockerer.

500 g Mehl
150–200 ml Wasser
5 Eier
Salz

Eine Möglichkeit der Teigzusammensetzung für Spätzle

Alle Zutaten in eine Schüssel geben und einen zähflüssigen Teig herstellen, bis er Blasen wirft. Dies geschieht entweder mit einem Kochlöffel oder elektrischem Handrührgerät (Knethaken). Wenn der Teig langsam vom Löffel fließt, ohne zu reißen, dann hat er die optimale Konsistenz. Falls dem nicht so ist, dann kann je nach Notwendigkeit durch Zugabe von Wasser oder Mehl abgeholfen werden.

In einem breiten, großen Topf Wasser zum Kochen bringen und Salz dazugeben. Eine Schüssel und ein Sieb zum Abtropfen der fertig gegarten Spätzle bereitstellen. Mit Spätzlebrett und Spätzleschaber wird der Teig in Form von dünnen Streifen ins kochende Salzwasser geschabt. Ersteres ist ein Holzbrett mit Griff, welches am Ende keilförmig abgeschrägt ist. Der Spätzleschaber wird aus Metall gefertigt. Ersetzen können Sie diese Utensilien durch ein Küchenbrett und ein Messer. Vor der Verwendung das Brett mit dem kochenden Salzwasser anfeuchten, etwas Teig draufgeben und glatt streichen. Die Menge des ins kochende Salzwasser geschabten Teiges bestimmt die Größe und Form der Spätzle.

Kräuterspätzle werden in kochendes Wasser geschabt

Im Laufe des Garprozesses steigen die Spätzle an die Salzwasseroberfläche, was soviel bedeutet, dass sie fertig gegart sind. Anschließend mit einem Seiher (Schöpflöffel, Sieblöffel) aus dem Kochtopf heben und im vorbereiteten Topf mit Sieb abtropfen lassen. Mit dem restlichen Teig wird die Spätzleherstellung fortgesetzt. Ob die abgeseihte Eierteigware mit kaltem Wasser abgeschreckt wird oder nicht, bleibt jedem selbst überlassen. Sinnvoll ist es nur, wenn sie anschließend tiefgefroren wird.

Für die Spätzleherstellung stehen weitere Spezialwerkzeuge zur Verfügung. Ein Spätzlesieb wird am Kochtopf aufgesetzt und mit einem Schaber die Teigmasse durchgedrückt. Mit einer Spätzlepresse wird der Teig, ähnlich wie bei einer Knoblauchpresse, durch eine gelöcherte Scheibe durchgedrückt und gelangt so ins kochende Salzwasser. Beim Spätzlehobel bewegen Sie einen aufgesetzten Schlitten, der mit etwas Teig gefüllt wird, hin und her, sodass der Teig von alleine in den Topf fällt. Eine Passiermühle (Flotte Lotte) mit entsprechendem Einsatz eignet sich ebenso zur einwandfreien Spätzleherstellung.

Zum Grundrezept können auch andere Zutaten gegeben werden, um eine zusätzliche Geschmacks- und Farbvariation zu erreichen. Als Beispiele seien hier Basilikum, Kräuter, Spinat und Tomaten erwähnt. Auf diese Art schaffen Sie beim Servieren als Hauptspeise oder Beilage einen zusätzlichen Anreiz für das Auge, welches ja bekanntlich mitisst!

Spätzlesieb und Spätzlepresse

Nockerln, Nocken oder Spatzen

An der Vielfalt der Namensgebung lässt sich bereits erahnen, dass diese Nudelspezialität eine regionale Bedeutung hat. Auch deren Bedeutung hängt stark von der Örtlichkeit ab, weil Nockerln oft mit Spätzle gleichgesetzt werden.

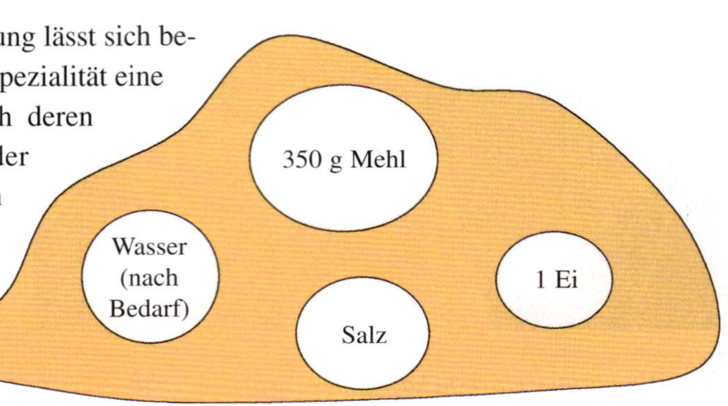

Eine mögliche Teigzusammensetzung für Nockerln

Die Teigbereitung erfolgt wie bei den Spätzle mit Mehl, Wasser, Ei und etwas Salz. Der Unterschied zum Spätzleteig besteht aber darin, dass der Nockerlteig viel fester sein muss, da man daraus mit einem Tee- oder kleinem Suppenlöffel die Nockerln herausstechen muss. Damit die Nockerln fest und doch auch locker werden, nimmt man beim Mehl je zur Hälfte griffiges und glattes Mehl.

Ein weiterer Unterschied zu den Spätzle besteht darin, dass der Teig nicht blasig geschlagen werden soll (zähfließender Teig), sondern nur so lange bearbeitet wird, bis ein glatter, festerer Teig entsteht.

Der Teig sollte gleich weiterverarbeitet werden. Nach dem „Einstechen" ins kochende Salzwasser – wichtig ist, vorher den verwendeten Löffel in dieses zu tauchen, da sonst der Teig kleben bleibt – sinken die Teigstücke ab und steigen erst langsam wieder an die Oberfläche. Je nach Durchmesser der Nockerln danach noch 3–5 Minuten köcheln lassen. Nach dem Herausheben in einem Sieb abtropfen lassen und bei Bedarf mit kaltem Wasser abschrecken.

Nockerln eignen sich als Beilage, zum Beispiel zu Gulasch oder Ragout, aber auch als Hauptspeise wie im Falle von Eier-, Käse- oder Zwiebelnockerln.

Rezepte

Rezepte

Grundrezepte

Zunächst werden hier einige Grundrezepte beschrieben, um die Vielfältigkeit der Nudelteige für die Eigenproduktion zu demonstrieren. Die Zugabe der Eimenge variiert sehr stark und orientiert sich auch an eigenen Vorlieben. Die Wasserzugabe wird mit „zirka" angegeben, weil sie nicht nur von übrigen Flüssigkeitsquellen abhängt, sondern auch vom Mehl. Gröberes Vollkornmehl braucht mehr Wasser als feines, ebenso benötigt Vollkornmehl generell mehr als Auszugsmehl. Die Kochzeit der Nudeln richtet sich nach der Bissfestigkeit (al dente).

350 g Weizenmehl
50 g Hartweizengrieß
ca. 6 EL Wasser
1 EL Öl
Salz

400 g Weizen(vollkorn)mehl
ca. 1/8 l Wasser
2 EL Olivenöl
1 TL Salz

500 g Mehl
3 Eier
ca. 1/8 l Wasser
1 TL Salz

500 g Dinkelvollkornmehl
ca. 1/8 l Wasser
2 EL Öl
Salz

300 g Weizenvollkornmehl
50 g Hirsemehl
50 g Buchweizenmehl
1 Ei
ca. 1/8 l lauwarmes Wasser
2 EL Olivenöl
1 TL Salz

300 g Dinkelvollkornmehl
200 g Dinkelgrieß
eventuell 1 Ei
ca. 1/8 l Wasser
1 Schuss Öl
Salz

Die Vielfalt der Nudeln wurde schon in den Kapitel davor umfangreich geschildert und ergibt sich aus den unterschiedlichen Mahlprodukten, den Nudelformen, der Nudellänge und den verschiedenen Farb- und Geschmacksvariationen. Diese Mannigfaltigkeit setzt sich auch bei der Zubereitung in der Küche fort. Nudeln können als Vorspeise oder Suppeneinlage serviert werden. Als Zuspeise finden sie bei vielen Fleischgerichten Verwendung oder werden selbst als Hauptspeise aufgetischt. In Kombination mit verschiedenen Saucen oder als Auflauf finden Nudeln mit oder ohne Fleisch auch bei vegetarisch lebenden Personen hohen Zuspruch. Als süße Nudeln zubereitet, geben sie auch köstliche Nachspeisen ab. In kalter Form kommen sie als Nudelsalat auf den Tisch.

Ein bunter „Nudelstrauß“

Kochtipps

- Einen ausreichend großen Kochtopf auswählen – 3 Liter Wasser für 250–300 g getrocknete Nudeln.
- Salz in das kochende Wasser geben und eine Minute warten, damit es sich gut auflösen kann.
- Einen Teelöffel Salz in drei Liter Wasser geben, denn Nudeln aus ungesalzenem Kochwasser schmecken langweilig.
- Kochwasser benötigt kein Öl, wenn die Nudeln in ausreichend kochendes Salzwasser gegeben und sofort umgerührt werden.
- Alle Nudeln gleichzeitig ins kochende Salzwasser geben und mit einem Löffel umrühren, damit sie gleichmäßig garen.
- Während des Kochprozesses immer wieder umrühren und zum Schluss hin die Nudeln auf deren Gar-Zustand prüfen.
- Die Nudeln sind dann perfekt gekocht, wenn sie insgesamt weich sind, aber beim Hineinbeißen noch einen leichten Widerstand bieten. Dieser Zustand wird als „al dente" oder Bissfestigkeit bezeichnet.
- Wenn die Nudeln bissfest sind, müssen sie sofort abgegossen werden, damit sie nicht weiterkochen und zu weich werden.
- Eventuell vor dem Abgießen eine halbe Tasse Kochwasser abschöpfen, damit bei Bedarf die Konsistenz des Gerichtes korrigiert werden kann.
- Das Abschrecken der abgeseihten Nudeln mit kaltem Wasser ist nur bei deren Verwendung als Aufläufe, Gratins oder Salate notwendig.
- Die Nudeln nicht zu lange abtropfen lassen, weil sie sonst zusammenkleben. Sie sollten immer einen leichten Feuchtigkeitsfilm aufweisen.
- Die Sauce vor den fertig gekochten Nudeln richten, damit die Nudeln im heißen Zustand mit der Sauce verbunden werden.
- Die Sauce soll auf die Nudeln warten und nicht umgekehrt!

Für 4 Portionen als Hauptmahlzeit benötigen Sie 30–40 % mehr frische als getrocknete Nudeln. Letztere nehmen beim Kochvorgang viel mehr Wasser auf, wodurch ihr Volumen stärker steigt als bei frischen Nudeln, deren Wassergehalt vor dem Kochen entsprechend höher ist.

Suppeneinlage

Fleischnudeln in der Suppe

Nudelteig	350 g Weizenmehl • 50 g Hartweizengrieß • 6 EL Wasser • 1 EL Öl • Salz
Suppe	2 l Wasser • Sellerie • Karotten • Zwiebel • Petersilienwurzel • Liebstöckl • Pfefferkörner • Fett
Fülle	300 g Selchfleisch, gekocht, faschiert • 1 Zwiebel, fein gehackt • 2 Zehen Knoblauch, fein gehackt • 50 g Butter zum Anrösten • Basilikum • Majoran • Petersilie • Salz • Brösel • Evtl. 1–2 Eier

Zubereitung: Alle Zutaten für den Teig zusammenmischen und gut kneten, damit eine eher feste, geschmeidige Masse entsteht, die vor dem Füllen 0,5 Stunden rasten soll.

Suppe: In heißem Fett die Zwiebelhälften rösten, das geputzte Gemüse dazugeben, mit Wasser aufgießen, würzen und köcheln lassen. Die Suppe darf nie wallend kochen, da sie sonst trüb wird. Vor dem Anrichten abseihen und nochmals würzen.

Fleischnudeln als Suppeneinlage vorbereitet

Fülle: Zwiebel und Knoblauch fein hacken und anrösten, das faschierte Selchfleisch dazumischen, dann die übrigen Zutaten einrühren, Brösel nur so viel, dass die Masse gebunden wird. Masse überkühlen lassen und kleine Kugeln formen.

Den Teig auf einer bemehlten Unterlage dünn ausrollen, die Füllekugeln in einer Reihe auflegen und den Teig darüber schlagen. Mit der Fülle sollte nach Möglichkeit keine Luft miteingeschlagen werden. Den Teig an den Kugeln rundherum festdrücken und mit einem Krapfenstecher (oder Teigrad) die Nudeln halbkreisförmig ausschneiden. Den Rand mit einer Gabel festdrücken. Die Nudeln im kochenden Salzwasser etwa 7 Minuten garen.

Hauptspeisen

Spinatnudeln mit Hühnchensauce

Teigware	300 g getrocknete Spinatbandnudeln oder 400 g frische, selbst gemachte Spinatbandnudeln
Tomatensauce	2 EL Öl • 1 Zwiebel, gehackt • 1 Knoblauchzehe, gehackt • 500 g Tomaten, geschnitten • 2 EL Petersilie, gehackt • 1 TL Oregano • 2 Lorbeerblätter • 2 EL Tomatenmark • 1 TL Zucker • Salz • Pfeffer
Hühnchensauce	3 EL Butter • 1 EL Öl • 500 g Hühnchenbrust in Streifen • 100 g geschälte Mandeln • 150 g Crème fraîche • 250 g Schlagobers • Salz • Pfeffer • Basilikum zum Garnieren

Spinatnudeln mit Hühnchensauce

Zubereitung: In einem großen Topf reichlich Wasser zum Kochen bringen, salzen und die Spinatbandnudeln al dente kochen. Inzwischen die Saucen zubereiten.

Tomatensauce: Öl erhitzen, Zwiebel glasig werden lassen und den Knoblauch dazu geben. Tomaten, Petersilie, Oregano, Lorbeerblätter, Tomatenmark und Zucker beimengen, umrühren, mit Salz und Pfeffer abschmecken, aufkochen lassen, danach ca. 20 Minuten köcheln lassen, bis die Hälfte der Flüssigkeit verdampft ist. Danach die Lorbeerblätter entfernen.

Hühnchensauce: Die Butter und das ÖL erhitzen, darin das Fleisch mit den Mandeln ca. 6 Minuten scharf anbraten. Mit Schlagobers aufgießen, leicht einkochen lassen, vom Herd nehmen und Crème fraîche einrühren sowie mit Salz und Pfeffer würzen.

Die al dente gekochten Nudeln abseihen, in Butter schwenken und auf einer Platte anrichten. Die Tomatensauce darauf verteilen, in die Mitte die Hühnchensauce geben, mit gehacktem Basilikum garnieren und sofort servieren.
Beilage: Gurkensalat, grüner Salat

Ein Tipp für die Hühnchensauce: Gibt man zur Butter etwas Öl, dann wird die Butter beim Erhitzen nicht so schnell braun!

Bandnudeln in Gorgonzolasauce mit Walnüssen

Teigware	300 g getrocknete Radiatori oder 400 g frische, selbst gemachte Bandnudeln
Gorgonzolasauce	250 g Schlagobers • 12 g Gorgonzola • 80 g Walnüsse, gehackt • Salz • Pfeffer

Zubereitung: In einem großen Topf reichlich Wasser zum Kochen bringen, salzen und die Nudeln al dente kochen. Inzwischen die Sauce richten.

Gorgonzolasauce: Gorgonzola in Schlagobers vorsichtig schmelzen, wenn nötig passieren und bis zur sämigen Konsistenz kochen. Mit Salz und Pfeffer würzen.

Die al dente gekochten Nudeln abseihen und in Butter schwenken. Nudeln und Nüsse unter Erwärmen mit der Gorgonzolasauce vermengen.

Bandnudeln mit Räucherforellensauce

Teigware	300 g getrocknete Bandnudeln oder 400 g frische, selbst gemachte Vollkornbandnudeln
Räucherforellensauce	1 Räucherforelle oder Filets • 50 g Butter • 2 Knoblauchzehen, gehackt • 4 EL Mehl • 1/8 l Schlagobers • 0,5 l Milch • Suppenwürze • Petersilie • Salz • Pfeffer • Zitronensaft

Zubereitung: In einem großen Topf reichlich Wasser zum Kochen bringen, salzen und die Nudeln al dente kochen. Inzwischen die Sauce richten.

Räucherforellensauce: Die ganze Forelle filetieren und in kleine Stücke teilen. Die Butter zerlassen und den Knoblauch glasig anlaufen lassen. Das Mehl dazugeben und leicht bräunen lassen, mit Schlagobers aufgießen und einkochen lassen. Würzen, mit Milch verlängern und etwas köcheln lassen. Die Forellenstücke unmittelbar vor dem Anrichten dazugeben.

Die al dente gekochten Nudeln abseihen und in Butter schwenken. Kurz vor dem Anrichten die Forellenstücke dazugeben, durchziehen lassen und auf den gekochten Nudeln anrichten. Mit gehackter Petersilie garnieren.

Bandnudeln mit Fischsauce

Teigware	300 g getrocknete Bandnudeln oder 400 g frische, selbst gemachte Vollkornbandnudeln
Fischsauce	400 g geräuchertes Forellen- oder Lachsfilet, würfelig geschnitten • 2 EL Butter • 100 g Erbsen, gekocht • 1 EL Vollkornmehl • 250 g Schlagobers • Salz • Pfeffer

Zubereitung: In einem großen Topf reichlich Wasser zum Kochen bringen, salzen und die Nudeln bissfest kochen. Inzwischen die Sauce richten.

Fischsauce: Fisch in Butter anbraten, salzen und pfeffern. Erbsen dazugeben, stauben, mit Schlagobers aufgießen, kurz köcheln lassen und abschmecken.

Die gekochten Nudeln abseihen, abtropfen lassen und mit der Sauce anrichten.

Farfalle in Zucchinisauce

Teigware	300 g Schmetterlingsnudeln (=Farfalle)
Zucchinisauce	1 Zwiebel, gehackt • 2 Knoblauchzehen, gehackt • 4 EL Olivenöl • 1 mittelgroße Zucchini • 1/8 l Wasser • 250 g Schlagobers • 150 g Crème fraîche • 1 Bund Petersilie, gehackt • Suppenwürze • Salz • Pfeffer

Zubereitung: In einem großen Topf reichlich Wasser zum Kochen bringen, salzen und die Schmetterlingsnudeln al dente kochen. Inzwischen die fein gehackte Zwiebel und die Knoblauchzehen im Olivenöl glasig anlaufen lassen.

Zucchinisauce: Die Zucchini waschen, mit der Schale der Länge nach vierteln und feinblättrig schneiden. Mit der Zwiebel kurz mitrösten, mit ca. 1/8 l Wasser aufgießen und würzen. Alles etwa 5 Minuten zugedeckt bei kleiner Hitze dünsten, mit Schlagobers aufgießen und leicht einreduzieren lassen. Am Schluss die Crème fraîche mit der gehackten Petersilie unterrühren und nicht mehr aufkochen.

Die gekochten Nudeln mit der Sauce vermischen, nochmals mit Petersilie bestreuen und servieren.

Spaghetti Carbonara mit Champignons

Teigware	300 g getrocknete Spaghetti oder 400 g frische, selbst gemachte Spaghetti
Zutaten	8 Scheiben Frühstücksspeck • 180 g Champignons, geschnitten • 2 TL frischer Oregano, gehackt • 4 Eier, geschlagen • 250 g Schlagobers • 650 g Parmesan oder anderer Käse, gerieben • Salz • Pfeffer

Zubereitung: In einem großen Topf reichlich Wasser zum Kochen bringen, salzen und die Spaghetti al dente kochen.

Speck in kleine Stücke schneiden. In der Pfanne leicht anbräunen lassen, dann wieder heraus nehmen. Champignons in die Pfanne geben und 2 bis 3 Minuten anbraten. Die al dente gekochten Nudeln abseihen.

Champignons, Speck, Oregano und das mit den Eiern verschlagene Schlagobers zu den Spaghetti geben. Bei geringer Hitze rühren, bis die Mischung leicht eingedickt ist. Vom Herd nehmen und den Käse einrühren. Dann mit Salz und Pfeffer würzen.

Tipp: Die Sauce darf nicht aufkochen, da sonst das Ei ausflockt und die Sauce sehr unappetitlich aussieht!

Spaghetti Carbonara mit Champignons

Steinpilznudeln mit Pilzrahmsauce

Teigware	350 g getrocknete Steinpilznudeln
Pilzrahmsauce	200 g Steinpilze, geschnitten • 100 g Austernpilze, geschnitten • 150 g Champignons, geschnitten • 250 g Schlagobers • 1 Knoblauchzehe, gehackt • Olivenöl • Petersilie • Zitronensaft • Salz • Pfeffer

Zubereitung: In einem großen Topf reichlich Wasser zum Kochen bringen, salzen und die Steinpilznudeln al dente kochen. Inzwischen wird die Sauce bereitet.

Pilzrahmsauce: Die frischen Champignons, Steinpilze und Austernpilze in Scheiben schneiden, Öl erhitzen und den gehackten Knoblauch anschwitzen lassen. Pilze dazugeben und andünsten, bis das austretende Wasser verdunstet ist, salzen und pfeffern. Mit Schlagobers aufgießen und einkochen lassen. Petersilie fein hacken und zur Pilzsauce geben. Mit Zitronensaft abschmecken.

Beim Anrichten kann man die Nudeln mit der Sauce mischen oder aber auch die Nudeln auf einer Platte anrichten und die Sauce darübergeben.

Steinpilznudeln mit Pilzrahmsauce

Italienische Nudelpfanne

Teigware	350 g getrocknete bunte Nudeln
Sauce	200 g geschälte Tomaten • 1 EL Butter • 2 Knoblauchzehen, gehackt • 250 g Schlagobers • Salz • Pfeffer
Außerdem	100 g Käse, gerieben • Petersilie, gehackt • 1 TL Pesto

Zubereitung: Nudeln in reichlich Salzwasser al dente kochen, abseihen und in Butter schwenken. Inzwischen kann die Sauce zubereitet werden.

Sauce: Die Tomaten passieren. Gehackten Knoblauch in Butter leicht anschwitzen, mit Schlagobers aufgießen, passierte Tomaten dazugeben und würzen.

Die Nudeln zur Sauce geben und mit geriebenem Käse sowie mit Petersilie bestreuen. Verfeinert wird das Gericht durch die Zugabe von Pesto.

Pesto ist ein Gemisch aus gehackten Kräutern, Olivenöl und Parmesan. Im Einzelhandel kann es fertig in Gläsern gekauft werden.

Spaghettinester

Teigware	300 g getrocknete Spaghetti oder 400 g frische, selbst gemachte Vollkornspaghetti
Tomatensauce	6 Tomaten • 1 Zwiebel, gehackt • 3 EL Olivenöl • 125 g Schlagobers • Cayennepfeffer • Kräutersalz
Außerdem	1 EL Sonnenblumenkerne

Zubereitung: Spaghetti in reichlich Salzwasser kochen, abseihen und gut abtropfen lassen. Sonnenblumenkerne ohne Fett anrösten. Spaghetti mit einer Gabel zu kleinen Nestern drehen.

Tomatensauce: Tomaten blanchieren, häuten und kleinwürfelig schneiden. 1 EL Tomatenwürfel zum Garnieren beiseite stellen. Zwiebel kleinwürfelig schneiden und in Olivenöl anrösten. Tomaten zur Zwiebel geben und mit Schlagobers aufgießen. Mit Cayennepfeffer und Kräutersalz würzen und die Sauce bei geringer Hitze einige Minuten kochen lassen. Vom Herd nehmen und pürieren.

Spaghettinester mit Sauce übergießen und mit Tomatenwürfeln und Sonnenblumenkernen garnieren.

Sauerkraut-Spaghetti

Teigware	300 g getrocknete Spaghetti oder 400 g frische, selbst gemachte Vollkornspaghetti
Sauerkrautsauce	1 Zwiebel, gehackt • 2 EL Öl • 100 g Hamburgerspeck, geschnitten • 300 g Faschiertes • 200 g Sauerkraut • 1/2 TL Paprikapulver, scharf • 1/2 TL Majoran • 1 Knoblauchzehe, zerdrückt • 1 EL Tomatenmark • 1/4 l Suppe • Salz

Sauerkraut-Spaghetti

Zubereitung: In einem großen Topf reichlich Wasser zum Kochen bringen, salzen und die Spaghetti al dente kochen. Inzwischen kann die Sauce zubereitet werden.

Sauerkrautsauce: Zwiebel kleinwürfelig schneiden und in Fett anrösten. Klein geschnittenen Speck beifügen und kurz mitrösten. Faschiertes dazugeben und unter ständigem Rühren gut durchrösten. Sauerkraut, Paprikapulver, Majoran, Knoblauch und Tomatenmark untermengen und mit Suppe aufgießen. Salzen und etwa 10 Minuten bei geringer Hitze dünsten.

Spaghetti abseihen und mit der Sauerkrautsauce anrichten.

Grüne Nudeln mit Pilzen und Mascarpone-Sauce

Teigware	300 g getrocknete Spinatspiralen oder 400 g frische, selbst gemachte Spinatvollkornbandnudeln
Mascarponesauce	150 g Mascarpone • 120 g Crème fraîche • Salz • Pfeffer • 3 Dotter • 1 TL Basilikum, gehackt • 1/2 TL Oregano, gehackt
Außerdem	6–8 frische, kleine Steinpilze (oder entsprechende Menge Eierschwammerl) • 3 EL Butter • Salz

Zubereitung: In einem großen Topf reichlich Wasser zum Kochen bringen, salzen und die Nudeln al dente kochen. Zwischenzeitlich kann die Sauce zubereitet werden.

Mascarpone-Sauce: Mascarpone und Crème fraîche gut verrühren, Salz, Pfeffer, Dotter, Basilikum und Oregano dazumengen. Pilze putzen, waschen und trockentupfen, längs halbieren, in heißer Butter von beiden Seiten braun braten und salzen. Sauce über Dunst dickschaumig aufschlagen.

Die Nudeln abseihen und in heißer Butter schwenken. Heiße Nudeln mit den gebratenen Pilzen anrichten und mit der aufgeschlagenen Sauce sofort servieren. Sauce erst kurz vor dem Anrichten aufschlagen, weil sie sehr leicht zusammenfällt.

Schnelle Thunfischspaghetti für 2

Teigware	150 g getrocknete Spaghetti
Sauce	2 Dosen Thunfisch mit Gemüse • 1 kleine Zwiebel, gehackt • 2 EL Olivenöl • 150 g Crème fraîche • Petersilie

Zubereitung: In einem Topf reichlich Wasser zum Kochen bringen und inzwischen die Sauce wie folgt bereiten: Zwiebeln würfelig schneiden und in Olivenöl glasig dünsten. Den Fisch dazu geben und kurz mitdünsten. Vom Herd nehmen, mit Crème fraîche und Petersilie vermischen. Die Sauce warm stellen, aber nicht mehr aufkochen lassen.

Ins kochende Wasser das Salz geben und die Spaghetti bissfest kochen. Die Nudeln abseihen, auf dem Teller anrichten und mit der Sauce übergießen.

Krautnudeln

Teigware	300 g getrocknete Fleckerl oder 400 g frische, selbst gemachte Vollkornmehlbandnudeln
Zutaten	250 g Weißkraut, frisch • 1 Zwiebel, gehackt • 3 EL Öl • 100 g Hamburgerspeck, geschnitten • 1/8 l Suppe • 1 Knoblauchzehe, zerdrückt • Salz • Pfeffer

Zubereitung: Weißkraut putzen, Strunk entfernen und feinnudelig schneiden. Zwiebel schälen, kleinwürfelig schneiden und in Fett anrösten. Klein geschnittenen Speck beifügen und kurz mitrösten. Kraut dazugeben und ebenfalls kurz mitrösten. Mit Suppe aufgießen und mit Knoblauch, Salz und Pfeffer würzen. Bei geringer Hitze etwa 10 Minuten dünsten.

In einem großen Topf reichlich Wasser zum Kochen bringen, salzen, die Nudeln al dente kochen und abseihen. Vor dem Anrichten mit dem Kraut vermengen.

Nudelpuffer

Teigware	300 g getrocknete Suppennudeln oder 400 g frische, selbst gemachte Suppennudeln
Zutaten	1 Zwiebel, gehackt • 3 EL Petersilie, gehackt • 2 Knoblauchzehen, zerdrückt • 100 g Schinken, geschnitten • 2 Eier • 4 EL Mehl zum Abbinden • Prise Muskat • Salz • Pfeffer • Öl • 2 EL Butter

Zubereitung: Zwiebel schälen, kleinwürfelig schneiden und in Öl anrösten. Petersilie und Knoblauch beifügen und kurz mitrösten. Von der Hitze nehmen und etwas überkühlen lassen.

Die Suppennudeln in reichlich Salzwasser kochen und abseihen. Schinken in Streifen schneiden, mit Zwiebel, Eiern, Mehl und Suppennudeln verrühren und mit Muskat, Salz und Pfeffer würzen. Mit einem Esslöffel handflächengroße Puffer ins heiße Öl (ev. mit Butter) einlegen, flachdrücken und beidseitig knusprig braten. Mit Salat und Schinkenscheiben garnieren. Nudelpuffer schmecken besonders pikant, wenn man geraffelten Käse unter die Masse mengt. Grüner Salat passt dazu.

Knusprige Nudelpuffer mit Salat

Nudelauflauf

Teigware	300 g getrocknete Bandnudeln
Sauce	3 EL Butter • 2 EL Mehl • 1/4 l Milch, kalt • Salz • Pfeffer • Zitronensaft • Muskatnuss • 3 Eier
Außerdem	100 g Käse, gerieben • 200 g Gemüse • 100 g Schinken, geschnitten

Zubereitung: Die Nudeln in ausreichend Salzwasser al dente kochen, abseihen und abschrecken. Das Gemüse halbweich dünsten.

Sauce: Fett erhitzen, mit Mehl stauben, mit kalter Milch aufgießen und würzen. Auskühlen lassen, die Dotter dazu geben und den Schnee unterheben.

In eine Auflaufform eine Schicht Nudeln, dann Gemüse, Käse, Schinken geben, fortsetzen mit weiteren Schichten Nudeln, Gemüse usw. Abschließend eine Schicht Nudeln, darüber die Sauce und geriebenen Käse, 20 Minuten bei 180 °C goldgelb backen.

Brokkoliauflauf

Teigware	300 g getrocknete Bandnudeln oder Hörnchen
Sauce	200 g Brokkoli • 250 g Schlagobers • 1 Ei • Kräuter, gehackt • Salz • Pfeffer • 100 g Schinken, geschnitten
Außerdem	150 g Mozzarella, gerieben

Zubereitung: Die Nudeln in ausreichend Salzwasser al dente kochen, abseihen und gut abschrecken.

Sauce: Brokkoli kurz blanchieren. Schlagobers mit Ei, Salz, Pfeffer und Kräutern verrühren. Brokkoli und fein geschnittenen Schinken dazugeben, mit den Nudeln vermengen und in eine Auflaufform geben. Mit Mozzarella bestreuen und ca. 15 Minuten bei 180 °C backen.

Nudelauflauf mit Huhn und Brokkoli

Teigware	200 g getrocknete Schmetterlingsnudeln
Zutaten	2 Tomaten • 500 g Brokkoli • 2 Knoblauchzehen, gehackt • 350 g Hühnerbrustfilet • Salz • 2 EL Öl • 2 EL Butter • eventuell 1 EL Öl
Außerdem	4 Eier • 1/2 l Milch • Salz, Pfeffer • 50 g Fondue-Käse, gerieben

Zubereitung: Die Tomaten überbrühen, häuten, würfelig schneiden und dabei die Stielansätze entfernen. Den Brokkoli waschen, in Röschen teilen und zarte Stiele in Scheiben schneiden. Die Knoblauchzehen schälen und fein hacken. Das Hühnerfleisch kalt abspülen, trockentupfen, in feine Streifen schneiden und salzen. Dann in Öl und Butter einige Minuten leicht anbraten und aus der Pfanne nehmen.

Bei Bedarf 1 EL Öl in die Pfanne geben und dann Tomaten, Brokkoli und Knoblauch unter Rühren in 10 Minuten bissfest dünsten. Den Backofen auf 200 °C vorheizen. Inzwischen die Schmetterlingsnudeln in Salzwasser bissfest kochen, abgießen und abtropfen lassen. Eine Auflaufform einfetten. Nudeln, Hühnerfleisch und Gemüse mischen und in die Form geben.

Die Eier mit Milch verquirlen, salzen, pfeffern und über die Nudelmischung gießen. Die Auflaufform locker mit Alufolie abdecken. Den Auflauf im heißen Backofen (Mitte, Umluft 180 °C) 25 bis 30 Minuten backen. Die Alufolie entfernen, den Auflauf mit dem frisch geriebenen Käse bestreuen und nochmals 10 Minuten im Backofen überbacken.

Gemüselasagne

Teigware	250 g getrocknete Teigblätter
Zutaten	400 g Gemüse, gemischt, geschnitten • 1 EL Öl • Pfeffer • Knoblauch • Oregano • Basilikum
Béchamelsauce	2 TL Butter • 2 EL Mehl • 0,5 l Milch, kalt • Salz
Außerdem	200 g Hartkäse, gerieben

Zubereitung: Gemüse in Öl anrösten, würzen und abschmecken.

Béchamelsauce: Die Butter zerlassen, Mehl unterrühren und leicht bräunen lassen. Mit kalter Milch aufgießen, mit dem Schneebesen glatt rühren und nach Bedarf salzen. Béchamelsauce und Gemüse gut vermengen und den Hartkäse fein reiben.

In eine Auflaufform schichtweise Nudelblätter, Gemüse und geriebenen Käse abwechselnd füllen und mit Gemüse und Käse abschließen. Im Rohr bei 180 °C ca. 45 Minuten backen.

Schinkenlasagne

Teigware	12 Stück Lasagneblätter
Zutaten	125 g Mozzarella, geschnitten • Salz • Pfeffer
Sauce	30 g Butter • 40 g Mehl, glatt • 1/4 l Suppe • 1/8 l Kaffeeobers • 60 g Hartkäse, gerieben • Muskatnuss • Salz • Pfeffer • 40 g Rohschinken, geschnitten
Außerdem	130 g Schinkenscheiben • 8 El Basilikum, geschnitten • 20 g Hartkäse, gerieben

Zubereitung: Mozzarella würfelig schneiden, salzen und pfeffern.

Sauce: Butter in einem Topf erhitzen, Mehl beifügen, gut verrühren, etwa eine Minute rösten und mit Suppe und Kaffeeobers aufgießen. Den frisch geriebenen Käse beifügen, schmelzen lassen und mit Muskatnuss, Salz und Pfeffer würzen. Bei wenig Hitze unter häufigem Rühren etwa 5 Minuten köcheln lassen. Den Rohschinken in kleine Würfel schneiden, unter die Sauce mengen, vom Herd nehmen und etwa 5 Minuten ziehen lassen.

Etwa 1/8 l der Sauce in eine große Auflaufform gießen, glatt streichen und mit drei Lasagneblättern und der halben Menge Schinkenscheiben belegen. Mit einem Schöpfer Sauce übergießen, glatt streichen, mit drei Lasagneblättern belegen und mit der halben Menge Mozzarellawürfeln und 4 Löffeln Basilikum bestreuen. Den Vorgang mit den restlichen Zutaten

wiederholen, mit drei Lasagneblättern abschließen und mit der restlichen Sauce übergießen.

Mit Käse bestreuen und im vorgeheizten Rohr auf mittlerer Schiene bei 180 °C etwa 40 Minuten backen.

Gefüllte Teigröllchen (Cannelloni) mit Spinat

Teigware	300 g Weizenvollkornmehl • 50 g Hirsemehl • 50 g Buchweizenmehl • 1 Ei • 1 TL Salz • 2 EL Olivenöl • ca. 1/8 l lauwarmes Wasser
Fülle	1 Zwiebel, gehackt • 1 Knoblauchzehe, gehackt • 300 g Blattspinat • 100 g Schinken, fein geschnitten • 2 EL Schlagobers • 250 g Topfen • Suppenwürze • Salz • Muskat
Käsesauce	80 g Butter • 60 g Mehl • 0,5 l Milch • 200 g Käse, gerieben • Suppenwürze • Zitronensaft • Salz • Pfeffer • Muskat

Gefüllte Teigröllchen werden in eine gefettete Auflaufform geschichtet

Zubereitung: Der Teig wird hergestellt, indem alle Zutaten in das Mehl gemischt und gut geknetet werden. Die Masse soll mind. 30 Minuten rasten.

Fülle: Gehackte Zwiebel und Knoblauch in wenig Öl andünsten, Blattspinat hinzufügen, ebenfalls den Schinken, würzen und dann Topfen und Obers dazugeben. Die Masse darf beim Füllen nicht heiß sein und soll eine eher feste Konsistenz haben.

Käsesauce: Butter erhitzen, Mehl mit dem Schneebesen einrühren und mit Milch aufgießen, würzen und etwas einkochen lassen. Den geriebenen Käse dazugeben, in der warmen Sauce schmelzen und auskühlen lassen.

Den Nudelteig dünn ausrollen und mit dem Teigrad in ca. 10 x 15 cm große Stücke schneiden. Anschließend in reichlich Salzwasser mit 1 EL Olivenöl kochen, abtropfen lassen und auf einem Küchentuch kurz trocknen. Mit der Spinatmasse füllen, locker einrollen, in eine befettete Auflaufform nebeneinander legen. Die Cannelloni mit der Käsesauce übergießen und im Rohr bei 180 °C ca. 15 Minuten backen. Die gefüllten Nudelröhren herausnehmen, Brösel, Parmesan und Butterflöckchen darauf legen und noch einmal goldgelb überbacken.

Nudelsalate

Steirischer bunter Nudelsalat

Teigware	300 g getrocknete, bunte Nudeln
Zutaten	100 g Schinken, geschnitten • 1 Zwiebel, fein geschnitten • 1 bis 2 Paprika (rot, gelb oder grün), geschnitten
Außerdem	Kürbiskernöl • Essig • Salz • Pfeffer • 2 Eier, hart gekocht

Zubereitung: In einem großen Topf reichlich Wasser zum Kochen bringen, salzen und die bunten Spiralen al dente kochen, abseihen und mit kaltem Wasser kühlen.

Schinken und Paprika in Streifen schneiden, all diese Zutaten miteinander vermischen, mit Kürbiskernöl, Essig, etwas Wasser, Salz und Pfeffer abmachen und mit den in Spalten geschnittenen Eiern garnieren.

Steirischer bunter Nudelsalat

Hörnchensalat

Teigware	200 g getrocknete Hörnchen
Zutaten	200 g Erbsen • 200 g Karotten, geschnitten • 2 Paprika (rot und grün), geschnitten • 1 Apfel, geschnitten • Salz
Dressing	125 g Joghurt • 3 EL Sauerrahm • 1 EL Essig oder Zitronensaft • Senf • Salz • Pfeffer • etwas Zucker
Außerdem	frische Kräuter, gehackt

Zubereitung: In einem großen Topf reichlich Wasser zum Kochen bringen, salzen und die Hörnchen al dente kochen, abseihen und mit kaltem Wasser abschrecken. Inzwischen Erbsen und würfelig geschnittene Karotten dämpfen und überkühlen lassen. Apfel und Paprika würfelig schneiden und mit Nudeln und Gemüse gut durchmischen.

Dressing: Joghurt und Sauerrahm glatt rühren, abschmecken, über den Salat gießen und gut durchziehen lassen; mit gehackten Kräutern bestreut servieren.

Schinken-Nudel-Salat

Teigware	200 g getrocknete Radiatori
Zutaten	200 g Schinken, geschnitten • 150 g Emmentaler, geschnitten • 10 Cocktailtomaten • 1 Frühlingszwiebel • 100 g Erbsen, gekocht
Dressing	3 EL Majonäse • 2 EL Sauerrahm • 3 EL Weißweinessig • 1 EL Weißwein • 2 EL Öl • Wasser nach Bedarf • Salz • Pfeffer

Zubereitung: Nudeln in ausreichend Salzwasser bissfest kochen, abseihen, kalt abschrecken und abtropfen lassen. Schinken und Emmentaler in feine Streifen schneiden, Cocktailtomaten halbieren, Zwiebel in kleine Ringe schneiden, die gekochten Erbsen dazugeben und alles miteinander vermischen.

Dressing: Alle Zutaten verrühren, mit Salz und Pfeffer abschmecken und den Salat marinieren.

Bunter Spiralensalat mit Rahmdressing

Teigware	150 g getrocknete, bunte Spiralen
Außerdem	1 kleine Dose Maiskörner • 100 g Erbsen, gekocht • 1 roter Paprika, geschnitten • 1 Karotte, gekocht, geschnitten
Dressing	1/8 l Sauerrahm • 3 EL Majonäse • Salz • Pfeffer • Schnittlauch

Zubereitung: In ausreichend Salzwasser die bunten Spiralen bissfest kochen, abseihen, kalt abschrecken, abtropfen lassen, den Paprika in kleine Würfel schneiden und mit den restlichen Zutaten vermischen.

Dressing: Alle Zutaten glatt verrühren und den Salat marinieren.

Intensiv gefärbte Nudeln eignen sich gut für den Spiralensalat

Nudelsalat mit Rahmdressing

Teigware	150 g getrocknete bunte Spiralen
Zutaten	250 g Champignons, geschnitten • 1 EL Öl • 1 roter Paprika, geschnitten • 1 grüner Paprika, geschnitten • 1 gelber Paprika, geschnitten • 1 kleine Zucchini, geschnitten
Rahmdressing	250 g Sauerrahm • 2 EL Öl • 1 Knoblauchzehe • 1 EL Zitronensaft • Salz • Pfeffer
Außerdem	Blattsalat • Kresse

Zubereitung: Die bunten Spiralen in ausreichend Salzwasser bissfest kochen, abseihen, gut abschrecken und abtropfen lassen. Geschnittene Champignons in Öl anbraten und auskühlen lassen. Paprika und Zucchini in feine Streifen schneiden.

Rahmdressing: Für das Rahmdressing alle Zutaten verrühren und würzen, die Salatzutaten unterheben, auf Blattsalat anrichten und mit Kresse garnieren.

Nudelsalat mit Thunfisch

Teigware	150 g getrocknete Spiralen
Zutaten	100 g Schinken, geschnitten • 150 g Thunfisch in Öl • 50 g Schnittkäse, geschnitten
Dressing	100 g Majonäse • 125 g Sauerrahm • 1/16 l Joghurt • Salz • Pfeffer • Essigwasser nach Bedarf

Zubereitung: Die Spiralen in ausreichend Salzwasser bissfest kochen, abseihen, gut abschrecken und abtropfen lassen. Schinken und Käse in Streifen schneiden.

Dressing: Majonäse, Sauerrahm, Joghurt, Salz und Pfeffer glatt rühren, Schinken, Käse, zerkleinerten Thunfisch und die Nudeln dazugeben, gut vermischen und nach Bedarf mit Essigwasser verdünnen.

Süße Nudeln

Gebackene Apfelnudeln mit Mostcreme

Nudelteig	500 g Dinkelvollkornmehl • 2 EL Öl • ca. 1/8 l Wasser, lauwarm • Salz • 50 dag Kokosfett zum Braten
Fülle	750 g Äpfel • Zitronensaft • Zucker • Zimt • Rum • Brösel nach Bedarf
Creme	1/4 l Süßmost • 1/16 l Schlagobers • 2 Dotter • 2 EL Zucker • 1 KL Vanillepuddingpulver

Zubereitung: Alle Zutaten für den Teig zusammenmischen und gut kneten, damit eine eher feste, geschmeidige Masse entsteht, die vor dem Füllen etwa 30 Minuten rasten soll.

Fülle: Äpfel reiben, mit Rum und Gewürzen marinieren, dann kurz andünsten und auskühlen lassen. Kleine Kugeln formen, die Fülle darf nicht zu feucht sein, eventuell mehr Brösel dazugeben.

Den Teig auf einer bemehlten Unterlage dünn ausrollen, die Füllekugeln in einer Reihe mit Abstand auflegen und den Teig darüber schlagen. Nach Möglichkeit sollte keine Luft miteingeschlagen werden. Den Teig an den Kugeln festdrücken und mit einem Teigrad oder Krapfenstecher die Nudeln halbkreisförmig ausschneiden.

Durch das Krendeln erhält der Nudelrand ein zopfähnliches Aussehen. Dabei wird der Teig zwischen Zeigefinger und Daumen zusammengedrückt und in kleinen Abständen nach oben gebogen (siehe Seite 94).

Creme: 2/3 des Süßmostes mit Zucker und Obers aufkochen. Restlichen Süßmost mit Puddingpulver und Eidotter gut verrühren und in die kochende Flüssigkeit einkochen, bis eine cremige Konsistenz entsteht.

Die geformten und gekrendelten Nudeln in Fett herausbraten – was sehr schnell geht! Die Nudeln können auch in Wasser gekocht werden und sind damit kalorienärmer.

Topfennudeln

Nudelteig	300 g getrocknete Bandnudeln oder 400 g frische, selbst gemachte Bandnudeln
Topfensauce	50 g Rosinen • 6 EL Rum • 250 g Topfen • 4 EL Sauerrahm • 2 EL Staubzucker • 1 Packung Vanillezucker • 2 EL Zitronensaft
Außerdem	3 Äpfel • 60 g Butter • 2 Packungen Vanillezucker • 5 EL Haselnüsse, gerieben • 1 TL Zimt • Staubzucker zum Bestreuen

Zubereitung: Äpfel schälen, vierteln, entkernen, dünnblättrig schneiden und in Fett rundum einige Minuten anbraten.

Die Nudeln in reichlich Salzwasser al dente kochen und abseihen. Bandnudeln, Apfelscheiben, Vanillezucker, Haselnüsse und Zimt gut miteinander vermengen und kurz erhitzen.

Topfensauce: Rosinen waschen, verlesen und ca. 10 Minuten in Rum marinieren. Topfen mit Sauerrahm, Zucker, Vanillezucker, Zitronensaft und Rosinen samt Rum gut durchrühren.

Mit der Topfensauce anrichten.

Nussnudeln

Nudelteig	350 g getrocknete Hörnchen oder 500 g frische, selbst gemachte Bandnudeln
Nussmasse	0,5 l Milch • 250 g Nüsse, gerieben • 1 EL Zimt • 5 EL Zucker • 2 EL Rosinen • 3 EL Rum
Sauce	2 EL Butter • 3 EL Staubzucker • 3 Dotter • 1 Packung Vanillezucker • 1 EL Zitronensaft • 3 Eiklar
Außerdem	Fett für die Form • Butterflocken

Zubereitung: Die Nudeln in reichlich Salzwasser al dente kochen, abseihen, ausreichend abschrecken und abtropfen lassen.

Nussmasse: Milch aufkochen, Nüsse, Zimt, Zucker und Rosinen hinzufügen und zu einem dicken Brei kochen. Rum in die Masse rühren und kalt stellen.

Sauce: Butter mit Zucker und Dottern schaumig rühren, Vanillezucker und Zitronensaft unterrühren. Diesen Abtrieb mit den gekochten Nudeln vermengen. Eiklar zu steifem Schnee schlagen und vorsichtig unter die Nudelmasse heben.

Nudeln und Nussmasse abwechselnd in eine befettete Auflaufform schichten, mit einer Lage Nudeln abschließen und einige Butterflocken darauf legen. Den Auflauf im vorgeheizten Rohr auf mittlerer Schiene bei 180 °C etwa 20 Minuten backen und heiß servieren.

Nussnudeln schmecken auch hervorragend mit Apfelmus

Apfelstrudel mit Zimtbandnudeln

Teigware	250 g getrocknete Zimtbandnudeln oder 300 g frische, selbst gemachte Zimtbandnudeln
Zutaten	1 l Milch • 3 EL Zucker • Salz • 2 EL Maizena oder Vanillepudding • 1 kg Äpfel • 300 g Gelierzucker (1:1) • 1 Schuss Rum
Außerdem	4 Strudelblätter • Butter, zerlassen

Zubereitung: Zimtbandnudeln in Milch, Salz und Zucker kochen und zum Schluss mit Maizena oder Vanillepudding binden (= mit etwas kalter Milch abrühren und in die heiße Milch einkochen). Äpfel raspeln oder schneiden und mit Gelierzucker, Rum und Zimtbandnudeln vermischen.

Zwei Strudelblätter auf ein Blech mit Backrahmen oder in eine Auflaufform legen, darauf die Fülle und als Abschluss wieder 2 Strudelblätter legen. Zum Schluss mit zerlassener Butter bestreichen und etwa 40–50 Minuten bei 150 °C backen.

Apfelstrudel mit Zimtbandnudeln

Schokoladetagliatelle mit karamellisierten Orangenfilets und Vanillesauce

Teigware	150 g getrocknete Schokoladebandnudeln
Zutaten	4 Orangen • 3 KL Kristallzucker • 2 cl Amaretto • 1 TL Butter
Außerdem	Vanillesauce • Schokoladeraspeln

Zubereitung: Die Orangen schälen und filetieren (das Fruchtfleisch zwischen den Hautstücken herausschneiden). Zucker in einer Pfanne schmelzen lassen und die Orangenfilets darin durchschwenken, mit Amaretto ablöschen, die Butter beimengen.

Die zwischenzeitlich in Zuckerwasser gekochten Schokoladebandnudeln darin mitschwenken. Fertige Vanillesauce kurz erhitzen, ein wenig in die Mitte eines Tellers geben, kleine Portion Nudeln darauf setzen und mit Schokoladeraspeln garnieren.

Schokoladetagliatelle mit Orangenfilets

Nudeln ohne eigentlichen Nudelteig

Die folgenden Rezepte beinhalten im Namen zwar das Wort „Nudel“, weichen aber in der Zusammensetzung vom eigentlichen Nudelteig ab.

Dampfnudeln

Teigzutaten	500 g Weizenvollkornmehl • 150 g Butter • 2 Eier • 1/4 l Milch • Salz • 2 EL Zucker • 20 g Germ • 1 Tasse Milch
Vanillesauce	1 l Milch • 40 g Vanillepudding • 6 EL Zucker • 2 cl Rum

Zubereitung: 2/3 der Butter, Eier, Mehl, lauwarme Milch, ein EL Zucker, Salz und Germ zu einem Teig rühren und schlagen, bis er Blasen wirft. Der Teig muss sich vom Schüsselrand lösen. Danach den Teig zudecken und an einem warmen Ort gehen lassen.

Danach zirka einen halben Zentimeter dick ausrollen. Mit einem Glas runde Formen ausstechen und nochmals auf einer bemehlten Unterlage gehen lassen.

Eine Tasse Milch, die restliche Butter, ein EL Zucker und eine Prise Salz in eine Kasserolle geben und zum Kochen bringen. Nun die Teignudeln dicht nebeneinander hineinsetzen und im geschlossenen Topf bei 220 °C im vorgeheizten Rohr 30 Minuten backen. Zum Schluss vorsichtig den Deckel öffnen und die Dampfnudeln sofort heiß mit Vanillesauce servieren.

Vanillesauce: Die Milch zum Kochen bringen, vorher 3 EL zurückbehalten und in diesen das Puddingpulver auflösen, Zucker und Rum dazugeben. Alles in die kochende Milch einrühren und ca. 3 Minuten kochen lassen.

Waldviertler Mohnnudeln

Teigzutaten	500 g Erdäpfel • 50 g Butter • 1 Ei • Salz • 150 g griffiges Mehl • etwas Grieß • etwas Mehl
Apfelmus	1 kg Äpfel • 1/3 l Wasser • 150 g Kristallzucker • Saft und Schale einer unbehandelten Zitrone • 1 Zimtrinde • 3 Stück Gewürznelken • 1/16 l Weißwein
Außerdem	200 g Mohn, gerieben • 50 g Zucker • 30 g Butter

Zubereitung: Die frisch gekochten Erdäpfel schälen und mit der Erdäpfelpresse auf ein Brett pressen. Mit Butter, Ei, Salz, Mehl und Grieß zu einem festen Teig verarbeiten, zu einer Rolle formen, kleine Stücke abschneiden und zu Nudeln wälzen.

In Salzwasser kochen und mit kaltem Wasser abspülen. Inzwischen Zucker und Butter in einer Pfanne zergehen lassen, Mohn beigeben und darin die Nudeln wälzen.

Apfelmus: Die Äpfel waschen, schälen, vierteln und in Zitronensaft wenden. Wasser mit den Gewürzen aufkochen, Äpfel darin weich dünsten. Danach durch ein Sieb streichen oder mit dem Mixstab pürieren und auskühlen lassen.

Gailtaler Kirchtagsnudeln

Teigzutaten	500 g Dinkelvollmehl • 200 g Butter • 20 g Trockengerm • 1 Ei • Salz • warme Milch nach Bedarf
Almkaffee	1 l Milch • Zucker nach Geschmack • 7 Gewürznelken • 1 Zimtrinde • 1 Eidotter • Cognac, Rum und Schnaps (Mengen nach Geschmack) • Zimt zum Garnieren
Außerdem	feste Marmelade zum Füllen • Staubzucker • Vanillezucker

Zubereitung: Das Mehl in eine Schüssel geben, die Trockengerm, Salz, die leicht erwärmte Butter, Milch und das Ei dazugeben. Alles gut kneten.

Den Germteig nicht rasten lassen, dünn auswalken und mit einem Krapfenausstecher runde Formen ausstechen. Mit fester Marmelade füllen, krendeln und im Rohr backen. Anschließend im Staubzucker-Vanillezuckergemisch wälzen.

Almkaffee: Die Milch mit Gewürznelken und Zimtrinde länger köcheln lassen. Den Eidotter mit etwas kalter Milch versprudeln und in die Milch mischen. Der Almkaffee darf nach der Dotterbeigabe nicht mehr kochen, ansonsten flockt der Dotter aus. Mit Alkohol abschmecken, heiß servieren und mit Zimt garnieren.

Kärntner Nudeln, Maultaschen und Ravioli

Kärntner Nudeln, Maultaschen und Ravioli ähneln sich sehr in der Herstellung (siehe Seite 88). Der Unterschied liegt meist nur in der Größe der Ausformung und in der Art der Fülle.

Kärntner Kasnudeln

Nudelteig	600 g Weizenmehl • 1 Ei • ca. 1/8 l lauwarmes Wasser • 2 TL Öl
Fülle	300 g gekochte Kartoffeln • 300 g Topfen • 1 Zwiebel, fein gehackt • Porree • Kerbel • Basilikum • Minze, fein gehackt
Außerdem	150 g Fett • 3 Knoblauchzehen, gepresst

Köstliche Kärntner Kasnudeln

Zubereitung: Alle Zutaten für den Teig zusammenmischen und gut kneten, damit eine eher feste, geschmeidige Masse entsteht, die vor dem Füllen etwa 30 Minuten rasten soll.

Fülle: Die gekochten, zerdrückten Kartoffeln im warmen Zustand mit dem Topfen vermischen. Die Zwiebel glasig rösten, mit den übrigen Zutaten vermischen und zu Kugeln formen.

Den Teig auf einer bemehlten Unterlage dünn ausrollen, die Füllekugeln in einer Reihe mit Abstand auflegen und den Teig darüber schlagen. Nach Möglichkeit sollte keine Luft miteingeschlagen werden. Den Teig an den Kugeln festdrücken und mit einem Teigrad oder Krapfenstecher die Nudeln halbkreisförmig ausschneiden.

Durch das Krendeln erhält der Nudelrand ein zopfähnliches Aussehen. Dabei wird der Teig zwischen Zeigefinger und Daumen zusammengedrückt und in kleinen Abständen nach oben gebogen.

Die Nudeln im kochenden Salzwasser ca. 7 Minuten garen und mit gebräunter, heißer Knoblauchbutter servieren. Die gekochten Nudeln können auch kurz in Butter angebraten und mit warmen Grammeln aufgetischt werden.

Beilage: Grüner Salat

Kärntner Nudeln mit Fleischfülle

Nudelteig	600 g Weizenmehl • 1 Ei • ca. 1/8 l lauwarmes Wasser • 2 TL Öl
Fleischfülle	500 g Selchfleisch, faschiert • 1 Zwiebel, fein gehackt • Öl • Petersilie • Brösel nach Bedarf
Außerdem	150 g Butter

Zubereitung: Alle Zutaten für den Teig zusammenmischen und gut kneten, damit eine eher feste, geschmeidige Masse entsteht, die vor dem Füllen etwa 30 Minuten rasten soll.

Fülle: Die Zwiebel glasig rösten, mit den übrigen Zutaten vermischen und zu Kugeln formen.

Den Teig auf einer bemehlten Unterlage dünn ausrollen, die Füllekugeln in einer Reihe mit Abstand auflegen und den Teig darüber schlagen. Nach Möglichkeit sollte keine Luft miteingeschlagen

geschlagen werden. Den Teig an den Kugeln festdrücken und mit einem Teigrad oder Krapfenstecher die Nudeln halbkreisförmig ausschneiden.

Durch das Krendeln erhält der Nudelrand ein zopfähnliches Aussehen. Dabei wird der Teig zwischen Zeigefinger und Daumen zusammengedrückt und in kleinen Abständen nach oben gebogen.

Die Nudeln im kochenden Salzwasser ca. 7 Minuten garen und zum Servieren mit heißer Butter übergießen. Die gekochten Nudeln können auch kurz in Butter angebraten und mit warmen Grammeln aufgetischt werden.

Tomatennudeln mit Mozzarella-Fülle

Nudelteig	500 g Dinkelvollkornmehl • ca. 1 /16 l Wasser • 2 EL Öl • 4 EL Tomatenmark • Salz
Fülle	200 g Topfen • 200 g Mozzarella, würfelig geschnitten • 150 g Tomaten, würfelig geschnitten • 150 g Kartoffeln, gekocht, gepresst • Basilikum • Oregano • Salz • Knoblauch
Tomatensauce	1 kleine Zwiebel, gehackt • 1 Knoblauchzehe, gehackt • 3 EL Olivenöl • 1 Dose geschälte Tomaten • Oregano, Basilikum, gehackt • 1/2 TL Zucker • Salz • Pfeffer

Zubereitung: Alle Zutaten für den Teig zusammenmischen und gut kneten, damit eine eher feste, geschmeidige Masse entsteht, die vor dem Füllen etwa 30 Minuten rasten soll.

Fülle: Alle Zutaten vermischen und kleine Kugeln formen.

Den Teig auf einer bemehlten Unterlage dünn ausrollen, die Füllekugeln in einer Reihe mit Abstand auflegen und den Teig darüber schlagen. Nach Möglichkeit sollte keine Luft miteingeschlagen werden. Den Teig an den Kugeln festdrücken und mit einem Teigrad oder Krapfenstecher die Nudeln halbkreisförmig ausschneiden.

Durch das Krendeln erhält der Nudelrand ein zopfähnliches Aussehen. Dabei wird der Teig zwischen Zeigefinger und Daumen zusammengedrückt und in kleinen Abständen nach oben gebogen.

Tomatensauce: Die gehackte Zwiebel sowie die Knoblauchzehe in Olivenöl glasig anrösten, Tomaten, Gewürze dazu geben, 10 Minuten einkochen lassen und pürieren.

Die Nudeln im kochenden Salzwasser ca. 7 Minuten garen und mit der Tomatensauce anrichten.

Beilage: Tomatensalat

Kärntner Nudeln mit Kletzenfülle

Nudelteig	600 g Mehl • 1 Ei • ca. 1/8 l lauwarmes Wasser • 2 TL Öl
Fülle	300 g Kletzen (Dörrbirnen), faschiert • 300 g Topfen • 50 g Zucker • 1/2 TL Zimt • Rum zum Abschmecken
Außerdem	150 g Butter • 1 EL Honig

Zubereitung: Alle Zutaten für den Teig zusammenmischen und gut kneten, damit eine eher feste, geschmeidige Masse entsteht, die vor dem Füllen etwa 30 Minuten rasten soll.

Fülle: Die Kletzen werden über Nacht kalt eingeweicht, im Einweichwasser weich gekocht, von den Stielen befreit und faschiert. Anschließend werden die übrigen Zutaten vermischt und zu Kugeln geformt.

Den Teig auf einer bemehlten Unterlage dünn ausrollen, die Füllekugeln in einer Reihe mit Abstand auflegen und den Teig darüber schlagen. Nach Möglichkeit sollte keine Luft miteingeschlagen werden. Den Teig an den Kugeln festdrücken und mit einem Teigrad oder Krapfenstecher die Nudeln halbkreisförmig ausschneiden.

Durch das Krendeln erhält der Nudelrand ein zopfähnliches Aussehen. Dabei wird der Teig zwischen Zeigefinger und Daumen zusammengedrückt und in kleinen Abständen nach oben gebogen.

Die Nudeln im kochenden Salzwasser ca. 7 Minuten garen. Als süße Nudeln werden sie mit zerlassener Honigbutter übergossen, mit Zimt und Staubzucker verfeinert und mit Apfelmus serviert.

Ravioli mit Lammfleischfülle und Käsesauce

Nudelteig	400 g Weizenvollkornmehl • 1 Ei • ca. 1/16 l Wasser • 1 TL Öl
Fülle	250 g Lammfaschiertes • 1 Zwiebel, fein geschnitten • Öl • Salz • Pfeffer • Knoblauch • Petersilie • Thymian • 1 Ei • Vollkornsemmelbrösel
Käsesauce	250 g Schlagobers • 150 g Blauschimmelkäse • 100 g Hartkäse, gerieben • Salz • Pfeffer • Petersilie • Knoblauch • Basilikum

Zubereitung: Alle Zutaten für den Teig zusammenmischen und gut kneten, damit eine eher feste, geschmeidige Masse entsteht, die vor dem Füllen etwa 30 Minuten rasten soll.

Fülle: Die geschnittene Zwiebel in Öl anrösten, das Faschierte dazugeben und unter ständigem Rühren anbraten. Mit Salz, Pfeffer, Knoblauch, Petersilie, Thymian würzen und abschmecken. Die Masse mit dem Ei und Vollkornsemmelbrösel binden.

Den Teig auf einer bemehlten Unterlage dünn ausrollen, die Fülle portioniert mit einem Löffel in einer Reihe mit Abstand auflegen und den Teig darüber schlagen. Nach Möglichkeit sollte keine Luft miteingeschlagen werden. Den Teig entlang der Fülle festdrücken und mit einem Teigrad die Nudeln halbkreisförmig ausschneiden.

Käsesauce: Das Schlagobers erwärmen, Käse einrühren und unter ständigem Rühren mit einem Schneebesen so lange köcheln lassen, bis sich der Käse aufgelöst hat. Mit Salz, Pfeffer, Petersilie, Knoblauch und Basilikum würzen und abschmecken.

Die Ravioli im kochenden Salzwasser ca. 7 Minuten garen und mit der Käsesauce servieren.

Ravioli mit Pilzfülle

Nudelteig	400 g Weizenvollkornmehl • 1 Ei • ca. 1/16 l Wasser • 1 TL Öl
Pilzfülle	1 Zwiebel, fein gehackt • 350 g Pilze, geschnitten • 1 Bund Petersilie • 1 EL Crème fraîche oder Sauerrahm • Salz • Pfeffer • Öl • Vollkornmehl zum Binden
Außerdem	Käse, gerieben • Butter, zerlassen

Zubereitung: Alle Zutaten für den Teig zusammenmischen und gut kneten, damit eine eher feste, geschmeidige Masse entsteht, die vor dem Füllen etwa 30 Minuten rasten soll.

Fülle: Die Zwiebel in Öl anrösten und die Pilze mitbraten. Petersilie, Crème fraîche untermischen, salzen und pfeffern, eventuell Mehl zum Binden unterrühren und abschmecken.

Den Teig auf einer bemehlten Unterlage dünn ausrollen, die Fülle portioniert mit einem Löffel in einer Reihe mit Abstand auflegen und den Teig darüber schlagen. Nach Möglichkeit sollte keine Luft miteingeschlagen werden. Den Teig entlang der Fülle festdrücken und mit einem Teigrad die Nudeln halbkreisförmig ausschneiden.

Die Nudeln im kochenden Salzwasser ca. 7 Minuten garen, mit zerlassener Butter übergießen und mit Käse bestreut servieren.

Erklärung

Erdapfel = Kartoffel
Germ = Hefe
Marmelade = Konfitüre
Grammeln = Grieben

Spätzle und Nockerln (siehe S. 97 und 100)

Spätzle

Nudelteig	500 g (Vollkorn-) Mehl • 4 Eier • Salz • Mineralwasser
Außerdem	2 EL Butter zum Schwenken

Zubereitung: Reichlich Salzwasser in einem breiten Topf erhitzen. Das Mehl in eine Schüssel geben, Eier dazu und salzen. Die Zutaten verrühren und Mineralwasser dazugeben, bis ein zähflüssiger Teig entsteht, der Blasen wirft. Etwas Teig auf ein Küchenbrett geben, glatt streichen und mit einem Messer oder einer Teigkarte Teigstreifen in das siedende Salzwasser schaben. Die fertig gegarten Spätzle in ein Sieb zum Abtropfen heben. Die Butter in einer großen Pfanne erhitzen und die Spätzle darin schwenken.

Spinatspätzle mit Käsesauce

Nudelteig	200 g frischer Blattspinat oder Tiefkühlspinat, passiert • 500 g (Vollkorn-) Mehl • ca. 1/8 l Mineralwasser • 4 Eier • Salz • Muskatnuss
Käsesauce	0,5 l Milch • 3 EL Mehl • 100 g Emmentaler, gerieben • 1 TL Suppenwürze • Salz • Pfeffer • 250 g Schlagobers • Petersilie

Zubereitung: Salzwasser in einem großen Topf erhitzen, die Spinatblätter ca. 2 Minuten blanchieren und passieren oder Tiefkühlspinat auftauen. Das Mehl und die übrigen Zutaten zu einem zähflüssigen Teig verrühren, bis er Blasen wirft, und mit Muskatnuss würzen. Reichlich Salzwasser in einem großen Topf für die Spätzle zum Kochen bringen.

Käsesauce: Kalte Milch mit Mehl verrühren und danach zum Kochen bringen. Den Topf vom Herd nehmen, geriebenen Käse unterrühren und würzen. Schlagobers und Petersilie dazugeben, warm stellen und die Spätzle bereiten.

Etwas Teig auf ein Küchenbrett geben, glatt streichen und mit einem Messer oder einer Teigkarte Teigstreifen in das siedende Salzwasser schaben. Die fertig gegarten Spätzle in ein Sieb zum Abtropfen heben und anschließend mit der Käsesauce servieren.

Käsespätzle

Nudelteig	500 g (Vollkorn-) Mehl • 4 Eier • ca. 1/8 l Wasser • Salz
Zutaten	300 g Hartkäse, gerieben • 2 EL Öl • 2 Zwiebeln, gehackt • Pfeffer • Semmelbrösel • Butter

Zubereitung: Reichlich Salzwasser in einem breiten Topf erhitzen. Für den Teig das Mehl in eine Schüssel geben, Eier dazu und salzen. Die Zutaten verrühren und Wasser dazugeben, bis ein zähflüssiger Teig entsteht, der Blasen wirft. Etwas Teig auf ein Küchenbrett geben, glatt streichen und mit einem Messer oder einer Teigkarte Teigstreifen in das siedende Salzwasser schaben. Die fertig gegarten Spätzle in ein Sieb zum Abtropfen heben.

Die gehackten Zwiebeln braun rösten, eine Auflaufform ausfetten und mit Semmelbrösel bestreuen. Der Schichtaufbau beginnt mit Spätzle, dann Zwiebeln, Pfeffer, Käse und wiederum Spätzle usw. Die letzte Schicht besteht aus Käse, bei 180 °C bis zu einer goldgelben Kruste backen.

Statt in die Auflaufform können alle Zutaten in eine Pfanne gegeben werden, während des Bratens oftmals wenden, bis der Käse gut geschmolzen ist.

Spätzle mit Champignons

Nudelteig	500 g (Vollkorn-) Mehl • 4 Eier • ca. 1/8 l Wasser • Salz
Sauce	300 g Champignons, geschnitten • 20 g Schalotten, gehackt • 20 g Butter • 2 EL Öl • 40 ml Weißwein, trocken • 250 g Schlagobers • 4 EL Kräuter, gehackt • Salz • Pfeffer
Außerdem	Bergkäse, gerieben

Zubereitung: Für die Sauce die Butter und das Öl in einem entsprechend großen Kochtopf erhitzen, die Schalottenwürfel und die Champignons anrösten, mit Weißwein ablöschen und 1 bis 2 Minuten köcheln lassen. Das Schlagobers dazu geben sowie mit Salz und Pfeffer würzen. Die Sauce um etwa 1/3 einkochen lassen, die gehackten Kräuter zufügen und die geschnittenen Champignons darunter mischen.

Reichlich Salzwasser in einem breiten Topf erhitzen. Für den Teig das Mehl in eine Schüssel geben, Eier dazu und salzen. Die Zutaten verrühren und Wasser dazugeben, bis ein zähflüssiger Teig entsteht, der Blasen wirft. Etwas Teig auf ein Küchenbrett geben, glatt streichen und mit einem Messer oder einer Teigkarte Teigstreifen in das siedende Salzwasser schaben. Die fertig gegarten Spätzle in ein Sieb zum Abtropfen heben.

Die gut abgelaufenen Spätzle auf einen Teller geben, mit der Champignonsauce übergießen und mit dem geriebenen Käse bestreuen.

Überbackene Spinatspätzle

Teig	500 g Dinkelvollmehl • 4 Eier • 1/2 KL Salz • 150 g passierten Spinat • ca. 1/8 l Milch
Zutaten	50 g Butter • 1 Zwiebel, gehackt • 2 Knoblauchzehen, gehackt • 200 g Schinken, geschnitten • Salz • Pfeffer
Außerdem	1/8 l Schlagobers • 150 g Käse, gerieben • Petersilie

Zubereitung: Reichlich Salzwasser in einem breiten Topf erhitzen. Für den Teig das Mehl in eine Schüssel geben, die übrigen Zutaten dazu und salzen. Alles verrühren und Milch dazugeben, bis ein zähflüssiger Teig entsteht. Etwas Teig auf ein Küchenbrett geben, glatt streichen und mit einem Messer oder einer Teigkarte Teigstreifen in das siedende Salzwasser schaben. Die fertig gegarten Spätzle in ein Sieb zum Abtropfen heben und gut abschrecken.

Zwiebel und Knoblauch in Butter anlaufen lassen, den Schinken dazugeben und mit Salz und Pfeffer würzen. In eine befettete Auflaufform abwechselnd Spätzle und Schinken hineinschichten. Aus Schlagobers und Käse einen Überguss bereiten und über die Spätzle gießen. Im Rohr bei 180 °C ca. 25 Minuten überbacken.

Man kann auch den Überguss und den Schinken mit den Spätzle vermischen, in die Auflaufform füllen und mit Käse bestreuen, je nachdem, wie es einem lieber ist.

Zwiebelnockerln

Teig	250 g Mehl griffig • 250 g Mehl glatt • 2 Eier
Zutaten	Butter oder Margarine • Wasser • Salz • 2 große Zwiebeln • Pfeffer

Zubereitung: Aus dem Mehl, den Eiern, Wasser und Salz einen festen Teig rühren und gleich anschließend mit einem Löffel gut daumennagelgroße Nockerln abstechen und in kochendes, gesalzenes Wasser einlegen. Vorsichtig kochen, bis die Nockerln gar sind (Kostprobe). Dann in einem Sieb abseihen und mit kaltem Wasser abschrecken. Das Fett in einer Pfanne heiß werden lassen und die nicht zu fein geschnittenen Zwiebeln darin leicht anbraten. Dann die Nockerln beigeben, Salz und Pfeffer mit den Zwiebeln vermischen und gut durchrösten. Mit Salat servieren.

Ähnlich werden auch die Käsenockerln zubereitet. Hier wird aber in die heißen Nockerln geriebener Hartkäse eingemischt und so lange geröstet, bis der Käse geschmolzen ist.

Apfelnockerln

Teig	400 g Mehl • 40 g Butter • Wasser, siedend • Salz
Zutaten	5 große Äpfel • 1 Zimtrinde • 3 Gewürznelken
Außerdem	3 EL Butter • 6 EL Zucker

Zubereitung: Für den Nudelteig Mehl und Salz zur zerlassenen Butter geben und mit siedendem Wasser zu einem mittelfesten Teig rühren, der mit einem Löffel gestochen werden kann. Danach die Äpfel schälen, das Kerngehäuse entfernen, in Spalten schneiden, in eine Kasserolle legen, einen Schuss Wasser, Zimtrinde, Gewürznelken dazu geben und zugedeckt im Rohr bei 150 °C weichdünsten. Währenddessen vom Nudelteig die Nockerln stechen und in kochendem Salzwasser garen. Die fertig gekochten Nockerln abschöpfen und abtropfen lassen.

Butter und Zucker zergehen lassen, die gekochten Nockerln und gedünsteten Apfelspalten darin schwenken und servieren. Anstatt den Zucker zu karamellisieren, können Nockerln und Apfelspalten in Butter geschwenkt und nach Bedarf mit Zucker oder Honig gesüßt werden.

Die Lebensmittelbücher in Österreich, Deutschland und der Schweiz

Österreich

Teigwaren im Österreichischen Lebensmittelbuch: Das Österreichische Lebensmittelbuch (Codex alimentarius Austriacus) wird von einer Expertengruppe verfasst. Diese besteht aus Vertretern der Konsumenten, Produzenten und der Wissenschaft. Der Codex ist kein Gesetz, er wurde aber von Richtern in der Vergangenheit als Entscheidungsgrundlage herangezogen. Im Österreichischen Lebensmittelbuch sind Produkte definiert und ihre Zusammensetzung beschrieben und auch auf die Beurteilung (z. B. Verdorbenheit, Nachmachung, ...) und Analysenmethoden wird eingegangen. Der Lebensmittelcodex setzt sich aus mehreren Kapiteln zusammen. Im Kapitel B 19 (Februar 2000) werden die Teigwaren beschrieben, das hier nur auszugsweise wiedergegeben wird:

1) Unter Teigwaren versteht man aus Mahlprodukten bestimmter Cerealien ohne Trieb-, Gär- oder Backprozess hergestellte, in der Regel getrocknete Erzeugnisse, welche in verschiedenen Ausformungen kochfertig oder zubereitet in Verkehr gesetzt werden. Sachgemäß gekochte Teigwaren kleben nicht zusammen, sie sind je nach Qualität und Form unterschiedlich locker und voluminös und entsprechend der Kochdauer kernig bis weich.

2) Teigwaren werden nach der Art des Teiges oder nach ihrer Form (z. B. Eierteigwaren, Fadennudeln, Bandnudeln, Fleckerln, Spaghetti) unterschieden. Mit dem Wort „Nudel" werden mitunter auch Teigwaren im Allgemeinen ohne bestimmte Teigwarenform bezeichnet.

3) Teigwaren werden aus handelsüblichen Mahlprodukten des Weizens (Saatweizen – Triticum vulgare, Triticum aestivum – oder Hartweizen – Triticum durum – oder einer Mischung beider) hergestellt. Die Erzeugung erfolgt durch Anteigen mit Wasser ohne weitere Zusätze, ausgenommen Kochsalz. Kochsalz kann bis zu einem Gehalt von 1 % zugegeben werden. Grießteigwaren werden aus handelsüblichem Dunst oder Grieß des Hartweizens (Triticum durum) hergestellt.

4) Eierteigwaren (Teigwaren mit einem wörtlichen oder bildlichen Hinweis auf Eizusatz in ihrer Aufmachung) enthalten mindestens 2 Eier pro kg der zur Herstellung der Teigwaren verwendeten Mahlprodukte. 2 Eier entsprechen 90 g des homogenisierten Gesamtinhaltes der Schaleneier von Hühnern oder 32 g Eidotter oder der äquivalenten Menge aus physikalisch haltbar gemachten Eikonserven. Eierteigwaren werden üblicherweise aus Hartweizengrieß oder Hartweizendunst erzeugt.

5) Eierteigwaren mit hervorhebender Bezeichnung (Spezial-, Extra-, mit hohem Eigehalt, mit erhöhtem Eigehalt oder gleichsinnig) enthalten mindestens 4 Eier pro kg der zur Herstellung der Teigwaren verwendeten Mahlprodukte. 4 Eier entsprechen 180 g des homogenisierten Gesamtinhaltes der Schaleneier von Hühnern oder 64 g Eidotter oder der äquivalenten Menge aus physikalisch haltbar gemachten Eikonserven.

6) Teigwaren, die mit einer Bezeichnung oder Aufmachung versehen sind, durch die ihnen die Beschaffenheit im Haushalt hergestellter Teigwaren zugeschrieben wird (z. B. hausgemacht, wie hausgemacht, Original Hausmacherrezept, nach Hausfrauenart) enthalten mindestens 6 Eier oder 96 g Eidotter (allenfalls auch tiefgekühlt) pro 1 kg Mahlprodukt. Die Bezeichnung „Hausmacherschnitt" (-nudeln) fällt nicht unter diese Richtlinie. Unter „Hausmacherschnitt" wird eine flach ausgeformte, nudelförmige Teigware mit einer Bandbreite unter 6 mm verstanden. „Hausmacherschnitt" (-nudeln) stehen hinsichtlich ihrer Form zwischen Band- und Suppennudeln. Wird auf Packungen, die für den Endverbraucher bestimmt sind, auf diese besondere Art der Ausformung hingewiesen, so darf dies nur unter der Bezeichnung „Hausmacherschnitt" im ungetrennten Zusammenhang erfolgen.

7) Ungetrocknete Teigwaren weisen einen Wassergehalt von mindestens 20% bis höchstens 30% auf und sind als solche zu bezeichnen. Derartige Teigwaren können durch physikalische Verfahren haltbar gemacht werden. Die Verfahrensart wird angegeben. Nur solche Teigwaren, die im ungetrockneten Zustand ohne Haltbarmachungsverfahren (roh) in Verkehr gesetzt werden, können innerhalb von 24 Stunden nach der Herstellung als „frisch" bezeichnet werden. Die Bezeichnung „Frischteigware", „Frischeierteigware" oder gleichsinnig bei getrockneten Erzeugnissen – selbst wenn dies unter Verwendung von Frischeiern erzeugt wurden – ist geeignet, den Konsumenten irrezuführen. Getrocknete sowie ungetrocknete Eierteigwaren, welche unter ausschließlicher Verwendung von im Zuge der Produktion frisch aufgeschlagenen Eiern erzeugt werden, können aber mit der zusätzlichen Bezeichnung „mit frischen Eiern", „unter Verwendung von frischen Eiern" oder „mit (Anzahl) frischen Eiern" versehen werden.
Verpackte, ungetrocknete Teigwaren, mit einer Haltbarkeit unter 6 Monaten, enthalten in ihrer Bezeichnung neben den für Teigwaren allgemein erforderlichen Kennzeichnungselementen Angaben über die Lagerbedingungen, den Zeitpunkt der Verpackung, allenfalls in verschlüsselter Form, und die Aufbrauchsfrist in unverschlüsselter Form, bestimmt nach Tag, Monat und Jahr; bei verpackten, ungetrockneten Teigwaren mit einer Haltbarkeit von mehr als 6 Monaten wird die Aufbrauchsfrist nach Monat und Jahr angegeben.

8) Bei der Herstellung von Teigwaren werden außer den in Abs. 4 bis 6 genannten Eirohstoffen keine gelbfärbenden Stoffe zugesetzt. Teigwaren und Eierteigwaren dürfen durch das Verpackungsmaterial nicht intensiver gelb als in unverpacktem Zustand erscheinen.

9) Zur Erzeugung von Teigwaren besonderer Art können auch andere Mahlprodukte als die des Weizens verwendet werden. Es können auch Gemüse, Gewürze usw. mit verwendet werden. Solche Teigwaren enthalten in ihrer Kennzeichnung neben der Angabe der Bestandteile auch die entsprechenden Mengenangaben. Zu diesen Teigwaren zählen z. B. folgende Erzeugnisse:

- **Vollkorn-Teigwaren:** Erzeugnisse, zu deren Herstellung als Weizenrohstoff ausschließlich Weizenvollkornmahlprodukte verwendet worden sind;
- **Roggen-Teigwaren:** Erzeugnisse, zu deren Herstellung ausschließlich Roggenmahlprodukte verwendet worden sind;

• **Gemüse- und Kräuter-Teigwaren:** Erzeugnisse, die Gemüse und Kräuter in solcher Menge enthalten, dass sie den Charakter der Teigwaren mitbestimmen.

10) Bei der Erzeugung von grünen (z. B. lasagne verde) oder roten Teigwaren werden nur frische oder durch physikalische Verfahren haltbar gemachte grün- oder rotfärbende Gemüse (Spinat, rote Rüben usw.) in Form von Säften, Pürees oder Trockenprodukten verwendet.

11) Teigwaren enthalten keine Zusatzstoffe.

12) Der Wassergehalt handelsüblicher getrockneter Teigwaren beträgt nicht mehr als 13 %.

13) Gefüllte Teigwaren bestehen aus einer Teighülle und einer Füllmasse. Die Füllmasse besteht aus verschiedenen Lebensmitteln, wie Marmeladen, Milchprodukten, Fleisch, Fleischwaren, Gemüse oder deren Mischungen.

14) Bei gefüllten Teigwaren hat die Teighülle dem vorliegenden Codexkapitel, die Fülle den betreffenden Codexkapiteln zu entsprechen.

15) Die Kennzeichnung gefüllter Teigwaren enthält sämtliche Kennzeichnungselemente von Teighülle und Füllmasse. Die Angabe der Aufbrauchsfrist richtet sich nach jenem Bestandteil, der die kürzeste Haltbarkeit aufweist. Die notwendigen Lagerbedingungen sind kenntlich zu machen.

16) „Diabetikerteigware“ enthält mindestens 30 % weniger Kohlenhydrate als die vergleichbare Teigware.

Anmerkung des Autors: Ich weise nochmals darauf hin, dass das Kapitel B 19 (Februar 2000) nicht vollständig vom Codex übernommen wurde. Die Punkte „Beurteilung“ und „Anhang“ sind hier nicht aufgeführt.

Cerealien: essbare Körnerfrüchte, Getreidefrüchte, Frühstückskost (Quelle: Codex Alimentarius Austriacus = Österreichisches Lebensmittelbuch)	**Erklärung**

Deutschland

In Deutschland ist das Lebensmittelbuch eine Sammlung von Leitsätzen. Es werden darin die Herstellung, Beschaffenheit oder andere Merkmale von Lebensmitteln beschrieben, die für das In-Verkehr-Bringen bedeutend sind:

Leitsätze für Teigwaren (vom 2.12.1998)

I. Allgemeine Beurteilungsmerkmale

A. Begriffsbestimmung und Herstellung

1. Teigwaren im Sinne dieser Leitsätze sind beliebig geformte Erzeugnisse, die aus Getreidemahlerzeugnissen mit oder ohne Verwendung von Hühnereiern und/oder anderen Zutaten durch Einteigen, formen und Trocknen ohne Anwendung eines Gärungs- oder Backverfahrens hergestellt werden. Sie werden zuweilen vor dem Trocknen mit heißem Wasser oder Wasserdampf behandelt. Dazu gehören auch Instant-Teigwaren, ausgenommen frittierte Erzeugnisse.

2. Frische Teigwaren (Frischteigwaren und Nudelteig) sind Teigwaren, die bei der Herstellung nicht getrocknet oder lediglich angetrocknet werden. Sie werden zuweilen mit heißem Wasser oder mit Wasserdampf behandelt, auch pasteurisiert und gekühlt oder tiefgefroren.

3. Ei
a) Vollei
Vollei im Sinne dieser Leitsätze ist die aus dem Inhalt frisch aufgeschlagener Hühnereier gewonnene Eimasse oder handelübliches pasteurisiertes Vollei mit einem Trockenmassegehalt von mindestens 23 Prozent.
Vollei wird auch in getrockneter Form verwendet.

b) Eigelb
Eigelb im Sinne dieser Leitsätze ist das aus dem Inhalt frisch aufgeschlagener Hühnereier abgetrennte Eigelb oder handelsübliches pasteurisiertes Eigelb mit einem Trockenmassegehalt von mindestens 48 Prozent.
Eigelb wird auch in getrockneter Form verwendet.

4. Prozentangaben beziehen sich auf das Gewicht.

B. Beschaffenheitsmerkmale

1. Der Wassergehalt (Feuchte), ausgenommen bei frischen Teigwaren (Frischteigwaren und Nudelteig), beträgt höchstens 13 Prozent.

2. Der Gehalt an Speisesalz (Natriumchlorid) beträgt höchstens 1 Prozent.

3. Als Zutaten werden üblicherweise verwendet:
a) Getreidemahlerzeugnisse aus Hartweizen, Weichweizen, Dinkel, Roggen,
b) Mahlerzeugnisse aus Buchweizen, Gerste, Hafer, Hirse, Mais, Reis, Triticale für Mehrkorn-Teigwaren,
c) Speisesalz, jodiertes Speisesalz, Meersalz,
d) Vollei, Eigelb, Eiklar, tiefgefroren oder getrocknet,
e) Milch, Milchpulver jeweils in verschiedenen Fettgehaltsstufen,
f) Gemüse, Kräuter, Pilze in geeigneter Zubereitung (z. B. Mark, Saft, Pulver, Konzentrat) sowie Gewürze,
g) färbende Lebensmittel,
h) Weizengluten,
i) Milcheiweißerzeugnisse,
j) Sojaerzeugnisse,
k) Trinkwasser.

C. Bezeichnung und Aufmachung

Für Erzeugnisse, die mindestens den folgenden Beurteilungsmerkmalen entsprechen, sind die kursiv gedruckten Verkehrsbezeichnungen üblich.
Teigwaren, die nicht mindestens den verkehrsüblichen Eigehalt aufweisen, werden als *Teigwaren*, *Nudeln* oder *Pasta*, auch in Wortverbindungen (z. B. *Bandnudeln*) oder je nach Form, z. B. als *Spätzle*, *Makkaroni*, *Spagetti*, bezeichnet; gleiches gilt für *Nudelteig*. Bei frischen Teigwaren wird das Wort „frisch" in die Verkehrsbezeichnung einbezogen.
Bei Teigwaren und frischen Teigwaren, die mindestens den verkehrsüblichen Eigehalt aufweisen, wird in der Verkehrsbezeichnung das Wort *„Eier"* vorangestellt.
Bei Teigwaren und frischen Teigwaren mit besonderen Zutaten (z. B. Gemüse, Spinat), die den Charakter des Erzeugnisses bestimmen, werden diese als Bestandteil der Verkehrsbezeichnung aufgeführt.
Wenn auf „Frischei" hingewiesen wird, werden ausschließlich Hühnereier mit Merkmalen der Güteklasse A verwendet, die im Herstellerbetrieb aufgeschlagen und in frischem Zustand verarbeitet worden sind.
Die Bezeichnung „Frischei" kann auch für Vollei aus Hühnereiern mit Merkmalen der Güteklasse A aus nach der Eiprodukte-Verordnung (Verordnung über die hygienischen Anforderungen an Eiprodukte vom 17. Dezember 1993) zugelassenen Betrieben verwendet werden, wenn die Eiprodukte dort durch Pasteurisierung vorbehandelt, bei Temperaturen von höchstens 4 °C entsprechend der Eiprodukte-Verordnung gelagert und befördert, innerhalb von 24 Stunden an die Teigwarenhersteller geliefert und dort kurzfristig verarbeitet werden.

II. Besondere Beurteilungsmerkmale

1. *Eier-Teigwaren*, z. B. *Eier-Nudeln*, *Eier-Pasta*, *Eier-Spätzle*, enthalten mindestens 100 g Vollei oder die entsprechenden Mengen Eigelb oder die entsprechende Menge Vollei- und/oder Eigelbprodukte auf 1 kg Getreidemahlerzeugnisse.

2. *Eier-Teigwaren* mit verbalen oder bildlichen Hinweisen auf hohen Eigehalt, z. B. *Eier-Teigwaren mit 4 Eiern, Hausmacher Eier-Nudeln, Hausmacher Eier-Spätzle*, enthalten mindestens 200 g Vollei oder die entsprechende Menge Eigelb oder die entsprechende Menge Vollei- und/oder Eigelbprodukte auf 1 kg.

3. *Eier-Teigwaren* mit verbalen oder bildlichen Hinweisen auf besonders hohen Eigehalt, z. B. *Eier-Teigwaren mit 6 Eiern*, enthalten mindestens 300 g Vollei oder die entsprechende Menge Eigelb oder die entsprechende Menge Vollei- und/oder Eigelbprodukte auf 1 kg Getreidemahlerzeugnisse.

4. *Gemüse-Teigwaren* und *Kräuter-Teigwaren* enthalten Gemüse oder Kräuter in einer Menge, die die Farbe und den Geschmack bestimmt.

5. Bei *Vollkorn-Teigwaren* besteht der Anteil an Getreidemahlerzeugnissen ausschließlich aus Vollkornmahlerzeugnissen.

6. *Mehrkorn-Teigwaren* (z. B. *Dreikorn-Teigwaren, Vierkorn-Teigwaren*) werden aus mindestens einem Getreidemahlerzeugnis nach Abschnitt I B Nr. 3 Buchstabe b, insgesamt aus mindestens drei verschiedenen Mahlerzeugnissen, hergestellt. Jedes Mahlerzeugnis ist mindestens mit 5 Prozent enthalten.

7. *Hartweizen-Teigwaren, Weichweizen-Teigwaren, Dinkel-Teigwaren* bzw. *Roggen-Teigwaren* enthalten an Getreidemahlerzeugnissen ausschließlich die namengebende Getreideart.

8. *Soja-Teigwaren* enthalten mindestens 100 g Sojaerzeugnisse auf 1 kg Getreidemahlerzeugnisse.

Quelle: www.bagkf.de

Schweiz

Im **Schweizerischen Lebensmittelbuch (SLMB)** ist die Lebensmittelverordnung (817.02) in verkürzter Form im Internet verfügbar. Darin gilt das Kapitel 15 den Teigwaren, welches folgenden Inhalt trägt:

Art. 152 Definition
1. Teigwaren sind Lebensmittel, die aus Müllereiprodukten hergestellt werden. Die dürfen Zutaten wie Eier, Milch oder Gemüse enthalten.
2. Frische Teigwaren sind Teigwaren, die bei der Herstellung nicht getrocknet oder lediglich angetrocknet werden. Die Behandlung mit heissem Wasser oder mit Wasserdampf ist erlaubt, ebenso die Pasteurisation, Kühlung oder Tiefkühlung.

817.02
3. Sterilisierte Teigwaren sind Teigwaren im Sinne von Absatz 2, die jedoch vor dem Inverkehrbringen sterilisiert werden.

Art. 153 Mindestanforderungen und Zusammensetzungsmerkmale
1. Der Wassergehalt von Trockenteigwaren jeder Art darf 13 Massenprozent nicht überschreiten.
2. Die titrierbare Säure von Trockenteigwaren darf, ausser bei Eierteigwaren, nicht mehr als 10 ml NaOH (1 mol/l) pro 100 g betragen.
3–4. Aufgehoben durch Ziff I der V vom 7. Juni 2004
5. Die Zugabe von Hühnerei- und Klebereiweiß, Speisefett und Speiseöl sowie von Speisesalz ist gestattet.

Art. 154 Sachbezeichnung

1. Als „Teigwaren“ bezeichnete Produkte dürfen nur aus Weizenmahlprodukten hergestellt sein.

2. Werden Teigwaren mit anderen Müllereiprodukten (z. B. Mehl von Roggen, Gerste, Hafer, Dinkel oder Soja) hergestellt, so ist dies in der Sachbezeichnung entsprechend anzugeben.

3. Die Zugabe von Gemüse oder anderen Zutaten muss in der Sachbezeichnung angegeben werden. Ausgenommen sind die Zutaten nach Artikel 153 Absatz 5 sowie Eier und Milch.

3. bis In der Sachbezeichnung darf auf Eier hingewiesen werden („Eierteigwaren“), wenn das Erzeugnis mindestens 135 g Eierinhalt von Schalen- oder Gefriereiern oder 36 g Trockenvollei auf 1 kg Müllereiprodukte enthält. Bei Verwendung von Eierkonserven muss das Verhältnis von Eiweiss und Eigelb demjenigen von Vollei entsprechen.

3. ter In der Sachbezeichnung darf auf Milch hingewiesen werden („Milchteigwaren“), wenn das Erzeugnis mindestens 20 g Milchtrockenmasse pro Kilogramm Müllereiprodukte enthält.

4. Enthalten Eierteigwaren Eier, die nicht vom Huhn stammen, muss die zugegebene Eierart in der Sachbezeichnung angegeben werden.

Quelle: www.bag.admin.ch

Maße und Güteklassen

Volumenangaben		
l	Liter	= 1000 ml
ml	Milliliter	= 1/1000 l
1/8 l	ein Achtel Liter	= 125 ml

Massenangaben		
kg	Kilogramm	= 1000 g
dag	Dekagramm	= 10 g
g	Gramm	= 1/1000 kg
EL	Esslöffel	
TL	Teelöffel	
KL	Kaffeelöffel	

Güteklassen für Hühnereier	
A	Mindesthaltbarkeitsdatum: 28 Tage nach dem Legetag
B	Industrieware: nach den 28 Tagen Mindesthaltbarkeit

Gewichtsklassen beim Hühnerei			
S	small	klein	weniger als 53 g
M	medium	mittel	53 bis unter 63 g
L	large	groß	63 bis unter 73 g
XL	x-large	sehr groß	73 und mehr g

Quellenverzeichnis

Auskunftgebende Nudelhersteller in chronologischer Reihenfolge

Lebenbauer Walpurga + Josef	Ring 8	8230 Hartberg
Schrenk Petra + Robert	Haufenreith 36	8162 Passail
Krenn Elisabeth + Martin	Lödersdorf II/5	8334 Lödersdorf
Kern Helene + Karl	Außeregg 28	8192 Strallegg
Maierhofer Manfred	Rabendorf 32	8191 Koglhof
Hirschmann Sabine + Leo	Muggendorf 4	8345 Stainz/Straden
Macher Anne-Marie	Bundesstraße 10	9064 St. Filippen
Zach & Pasta	Georg-Andreas-Fuggerstraße 6	8480 Mureck www.zach-pastamanufaktur.at
Familie Perstaller	Piberegg 33	8572 Bärnbach
Zehetner Rosi + Franz	Eglmayrstraße 7	4493 Wolfern www.nudelhof.at
Familie Ferl	Hofstraße 30	8071 Vasoldsberg

Ergänzende Informationen habe ich erhalten von:

Fam. Drobesch	St. Johannerstraße. 35	9371 Brückl
Poier Sabine	Lärchenhain 2	8764 Pusterwald

Informationsmaterial von Firmen

SELA Teigwarengeräte GmbH	Auf der Steige 40	D-88326 Aulendorf www.sela-gmbh.de
HÄUSSLER Karl-Heinz Häussler GmbH	In der Vorstadt	D-88499 Heiligkreuztal www.haeussler-gmbh.de
SPAGHETTI RAPIDO Teigwarenmaschinen GmbH	Schäfflerstraße 18	D-84072 Au/Hallertau

Bücher

- Büchele, Rose Marie: Schwäbisch kochen, 12. Auflage, 2005, Graefe und Unzer
- Franzke, Claus: Allgemeines Lehrbuch der Lebensmittelchemie, 3. Auflage, 1996, Behr's Verlag
- Hollomey, Sabine: Einfach essen – gesund genießen, 1999, Leykam
- Koerber/Männle/Leitzmann: Vollwert-Ernährung, 10. Auflage, 2004, Haug
- Pschyrembel: Klinisches Wörterbuch, 258. Auflage, 2002, Walter de Gruyter
- Schlieper, Cornelia A.: Grundfragen der Ernährung, 14. Auflage, 1998, Dr. Felix Büchner Handwerk und Technik

Agenturen, Anstalten und Firmen

- Universität für Bodenkultur Wien, Department für Lebensmittelwissenschaften u. -technologie, Muthgasse 18, A-1190 Wien
- AGES (Agentur für Gesundheit und Ernährungssicherheit), Spargelfeldstraße 191, A-1226 Wien
- AGES (Agentur für Gesundheit und Ernährungssicherheit), Beethovenstraße 8, A-8010 Graz
- Farina Mühlen GmbH, Emil-Mann-Gasse 1, A-8074 Raaba
- Versuchsanstalt für Getreideverarbeitung, Prinz-Eugen-Straße 14, A-1040 Wien

Internetseiten

- www.edeka.de
- www.lebensmittellexikon.de
- www.lexikon-definition.de
- www.net-lexikon.de
- www.nudelnmachenglücklich.de
- www.pesce-pasta.at
- www.spaetzle.de
- www.uni-protokolle.de
- www.was-wir-essen.de

Fini's Feinstes
DINKELMEHL
Informationen, Rezepte und Tipps finden Sie unter:
www.finis-feinstes.com

AUS UNSEREM PROGRAMM:

ISBN 3-7020-1103-X

Uwe Wurm

Pastete, Wurst & Sülze selbstgemacht

136 Seiten, zahlreiche Farbabbildungen, Hardcover

Dieses Buch zeigt Ihnen, wie Sie mit selbsterzeugten Spezialitäten, wie frischen Pasteten, luftgetrockneten Hauswürsten oder pikanten Sülzen, Familie, Freunde, Gäste oder auch Kunden verwöhnen können.
Ein erfahrener Praktiker vermittelt Schritt für Schritt die Grundlagen zur Herstellung dieser Köstlichkeiten.

Aus dem Inhalt:

- Rohstoff Fleisch, Gewürze, Wursthüllen, Geräte, Brätherstellung, Füllen, Brühen, Räuchern, Reifen
- Brühwürste: Pariser, Münchner, Frankfurter, Lyoner, Mortadella, Tiroler, Cocktailwürstchen, Knoblinchen, Nürnberger Bratwürste, Debreziner, Käsewurst, Cabanossi, Jagdwurst, Hirtenwurst, Leber- bzw. Fleischkäse ...
- Kochwürste:
  - Streichwürste: Feine Leberwurst, Kalbsleberwurst ...
  - Pasteten: Paté Paris, Kalbfleischpastete, Wildententerrine ...
  - Sülzen: Kalbfleischsülze, Pfeffersülze, Fisch-Gemüse-Sülze ...
  - Blutwürste: Thüringer Rotwurst, Italienische Blutwurst mit Rotwein ...
- Rohwürste: Landjäger, Kärntner Hauswürstel, Ungarische Salami, Zigeunerwurst, Kasseler Knoblauchwurst, Mettwurst usw.

Über 100 Rezepte!

Bestellen Sie unverbindlich und kostenlos unser Gesamtverzeichnis:
A-8011 Graz • Hofgasse 5 • Postfach 438 • Telefon (0 316) 82 16 36